老玩童
遊義大利三部曲 II

香港亨達集團創辦人及名譽主席
鄧予立——著

推薦序 一

認識鄧予立先生的朋友們都知道他是成功的金融家，也是知名的旅行家，熱愛攝影並勤於書寫記錄他旅遊各地的種種驚嘆與感受，鄧先生非常樂於與讀者分享他的旅行經驗與觀點。

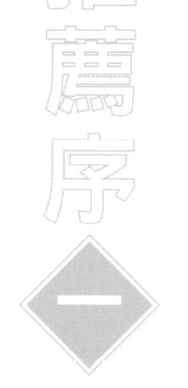

從鄧先生已經出版的十六本博文遊記中，可以讀到他深厚的人文、歷史、和美學藝術的素養，字裡行間總是表達出他對每個參訪地方的細微觀察、對每個自然景觀的眞情抒發、以及對歷史文物藝術的鑑賞、對各地美食美酒的品評，而從他書中的描述，也常能讀出他對人的一種眞誠寬容與關懷之心。文如其人，鄧先生豐富的文化底蘊常常精彩地匯聚在他的行腳和諸多作品中。

鄧先生的目標是在七十歲前踏訪一百五十個國家，他的足跡跨越五大洲，遍及許多國家與城市、高山與湖泊、非洲草原與西藏高原、連地球遠端的南極都有他快樂的蹤影。如果不是因爲過去三年多的新冠疫情擱延了一些行程，鄧先生應該已經達成他個人許下要踏訪一百五十個國家的目標了！雖未盡，但也已接近了！眞不知道地球已經被他繞了多少圈圈了？個人猜想鄧先生恐怕是世界上除了資深飛行員外，繞行地球累計最長距離的旅人觀察家吧！若是沒有強烈探索的熱情、超人的毅力、以及爲達成目標鍥而不捨的精神，是不可能成就這麼一位出色的旅行家的！

三年多前新冠疫情無情肆虐，各國各地紛紛祭出封城與隔離政策，很長一段時間世人幾乎停止了旅行，鄧先生在書中也提到約有三百多天的時日他滯留外地，無法返回香港。當歐洲一些國家或地區的封城或隔離政策因應不同狀況的發展而開始有些不定期的鬆綁，這時大家仍舊不敢出門旅行，但是鄧先生已經馬不停蹄地數度踏訪歐洲幾個國家做深度的訪遊了，也因此記錄下這段期間他在幾個歐洲國家很特殊的「疫行」，「疫行」讓鄧先生有機會更深入的觀察！他竟然又已出版了好幾本這段期間的深度遊記了！如此旺盛的生命力著實令人佩服啊！

鄧先生邀我爲他將要出版的《老玩童遊義大利三部曲》寫推薦序，我感到很榮幸，但也很意外。或許是因爲他記得我曾不經意提過，義大利是讓我著迷的歐洲國家，他若書寫疫情期間在義大利的深度旅行見聞，一定會很特殊，相信這本書會成爲我未來再度遊訪義大利時的重要地圖與指引吧！我欣然接受了鄧先生的邀約寫序，因爲我可以先睹爲快啊！

其實，大多數人都不會有機會以及相關的資源與條件踏訪鄧先生所行走過的每一個旅程，也因此，每次閱讀鄧先生的遊記見聞就會有一種似乎自己也參訪其中的感覺。感謝鄧先生旅行中仍然勤奮的筆耕，這種毅力非常的驚人！也因爲他熱情快樂的分享，讓讀者即使沒有去過那些他筆下魅力無窮精彩萬分的地方，也能夠感受到那些旅程中的特殊景致或深刻見聞，或許這也是一種「神遊」吧！

對許多人而言，義大利令人著迷與陶醉，因爲這個國家擁有極豐富與卓越的歷史、文化、藝術、宗教遺產，處處可見，每一個城鎮都有各種偉大和美麗的歷史建築物、例如：教堂、修道院、古代競技場、歌劇院、博物館、城鎮廣場、古老的大學建築……，各種歷史遺蹟俯拾皆是，每個城鎮中心會因其歷史之演變以及相關之規劃而顯露其特殊與迷人之處！

義大利的文學、歌劇、電影常被世人讚嘆與欣賞！數十年來，當代義大利的設計風格與能耐名聞全球，左右或啟發了世界時尚！從服裝品牌到各種器物，「義大利」代表著時尚！

義大利到處有秀麗動人的自然景觀與農村景觀，令人興嘆！也有舉世聞名令人垂涎的美食與美酒、松露與乳酪、火腿與巧克力、咖啡與冰淇淋、香料與橄欖油，麵食與披薩，所謂「義大利鄉土料理」、「義大利菜」不知征服了多少人的味蕾。美好食物是義大利常民生活的一部分，直接美味簡單不做作，非常「義大利」！

可以說，現代義大利是活在歷史義大利當中，因爲其人文藝術歷史底蘊深厚，才能創造出當代如此特殊眩迷的風采。義大利是歷史與現代的美麗結合！這些特質在鄧先生的書中都有鮮活的描寫。

疫情期間，鄧先生花了一百多天數度造訪深入義大利，可見義大利對他的吸引力有多大。書中生動詳細地呈現了義大利幾個大區，例如倫巴第

（Lombardia）、威尼托（Veneto）、皮埃蒙特（Piemonte）等的重要特色。

他以倫巴第大區之時尚米蘭爲中心，訪視了附近著名的城鎮。書中介紹米蘭大教堂的歷史，讚嘆其建築魅力充滿藝術及震懾人心的完美，時尚米蘭在他的筆下，歷史文化與現代動感栩栩如牛，躍然於紙上。他遊覽倫巴第大區非常著名的科莫湖、加爾達湖、馬焦雷湖，風景如畫，宛如人間仙境，湖光水色媚力無窮，在導遊的推薦下也特別到訪湖邊附近的幾個著名小城鎮，描述城鎮的歷史古蹟，與讓人沉醉無比的美景。游記寫的很細膩，仔細介紹每個城鎮，讀者只要細讀就會很自然的跟隨著鄧先牛的行腳，知道自己未來若有機會造訪時的選擇。

威尼托大區的「水都」威尼斯讓鄧先生再三的流連忘返！誰不會呢？這是被許多人公認世界最美麗與浪漫的城市啊！威尼斯水都有一百多個潟湖島嶼，大小運河、水道穿梭其間，四百多座橋將威尼斯城夢幻式的串連起來！大概只有歷史上的威尼斯人才能夠打造出這樣的城市！已經有一千年的歷史。

書中對這個大區的帕多瓦（Padcva）古城評價很高，認爲這個古城是藝術的搖籃，詳細介紹其重要的學術殿堂帕多瓦大學以及全義大利最大的河谷草地廣場和聖安東尼大教堂的建築風貌、斯克羅威尼禮拜堂的著名壁畫：最後的審判，和這個城鎮衆多的的博物館與市容，讓人覺得應該到此一遊。

鄧先生情有獨鍾愛上維羅納（Verona）城，四度訪遊，這是莎翁名劇《羅密歐與茱麗葉》的故鄉，是愛之城，這個城被聯合國教科文組織列爲世界遺產，有二千年的歷史，現在仍存有許多古羅馬的遺蹟，維羅納圓形競技場已成爲大型戶外歌劇的場地，一票難求！

鄧先生踏訪東北部的多洛米蒂山脈（Dolomiti），這是上帝遺留在阿爾卑斯山的後花園，多洛米蒂山時時以其變幻無窮的色彩迎人，展現秀麗、寧靜和神奇的美姿，令人不敢逼視。

遊訪北義西邊的皮埃蒙特大區，書中盡興的描寫了他的舌尖旅行，介紹了阿爾巴鎮叫人蕩氣迴腸的白松露，巴羅洛（Barolo）鎮令人飄飄欲仙的義大利最高等級紅酒，相信讀者看了也會垂涎欲滴！書中對這個大區的首府都靈（Turin）的歷史、建築、教堂、修道院、城市廣場、博物館、皇宮、文化宗教背景等有詳細的引介。

鄧先生在書中記錄了他在義大利的攀山涉水、名勝古蹟的探索、歷史文化藝術的尋訪、心靈的反思，可以看出他每次訪遊義大利各地都做足了功課，讓「義大利深度遊」相當充實，一定會開闊讀者們的眼界。

最後，值得一提與注意的是，因爲極端氣候，造成全球旱象肆虐，歐洲許多地方目前正在經歷五百年來最嚴重的大旱，連水鄉澤國的威尼斯，目前因爲運河水位過低，導致貢朵拉和其他船隻無法通行，部分區域乾涸見底，「水」都變成「旱」都。鄧先生書中的「貢朵拉」浪漫行，在乾旱期行不通！

義大利最長的河流——六百五十公里的波河（Po River）發源自阿爾卑斯山脈，從西向東，橫貫了北義的皮埃蒙特區、倫巴第區、到東邊的威尼托區，並從威尼斯出海。鄧先生書中提到在波河河畔看美麗的日出日落。波河在北義的皮埃蒙特區灌溉了歐洲稻米最大的產區。但出於極端熱浪、久旱不雨，水量比去年減少61％，最長的波河在許多地方竟變爲沙地，波河河谷的稻田因無水灌溉而乾涸，因而嚴重衝擊到稻米等農作物的收成，而皮埃蒙特區是義大利的穀倉，三分之一食物來自此區，可見其嚴重性！

鄧先生書中提到他遊覽了座落在北義的的加爾達湖（Lake Garda），是義大利最大湖，美麗動人。根據義大利環保組織聯盟，近來其水位已降至歷史最低點，人們可以通過湖水乾涸裸露出來的小路，走到湖上的小島聖比亞焦，難以想像。

鄧先生書中筆下的義大利如夢似幻，然而全球愈來愈嚴重的氣候變遷和氣候災難，卻已造成人類世界永續發展的最大問題和挑戰了，揮之不去，必須嚴肅面對和解決，人人有責。深盼本書中美麗的義大利能永續存在。

賴幸媛

前中華民國駐 WTO 常任代表團大使

推薦序 二

二〇二〇年初，突如其來的一場「新冠」疫情讓人們的生活驟然變得陌生，我們的身體徘徊於已經熟知的生活環境以及危機四伏的未知之中。在這場大瘟疫的肆虐中，許多國家的封鎖措施讓人們孤立於自己的城市和鄉鎮，和地球上的其他城市、鄉鎮和居民隔絕。

除了一間間被封鎖的房間，還有什麼能將人的心靈和其他處於世界不同角落的文化相連呢？品嘗各種美食、細品優美的風景，融入當地居民的生活中，走遍各處的山山水水，感受風吹草動，一切這些事物才是將人們的心靈和其他城市的文化之間建立聯繫的橋梁，這是一段有如夢境般浪漫的體驗。

「得疫」於這場疫情，鄧予立先生滯留在歐洲三百多天，他沒有慨嘆自己的計畫被打亂，也沒有失意於無法回到溫暖的家中，生性樂觀豁達的「老玩童」鄧先生利用這個難得的機會深入探索了歐洲的文化、歷史和美食，成爲了一個特殊時期的「逆行者」。他用鏡頭和文字，展現了義大利深厚的文化底蘊和深刻的人文精神。讓讀者跟隨他的足跡，深入了解這個歷史悠久、文化豐富的國度。

鄧予立先生還用心記錄了當地人的生活和文化，展現了義大利人民的熱情、開放和自信。他與當地人交流，了解了他們的價值觀和生活方式，感受到了他們的生命力和創造力。

因此，《老玩童遊義大利三部曲》是圖文並茂的遊記，更是感性的文化研究和人文探索。他的文字深入淺出，他的圖片視角獨特，無論是文化、藝術、歷史還是人文，他都有著深刻的見解和獨到的思考，讓人忍不住為之傾倒。

然而，《老玩童遊義大利三部曲》又不僅僅是令人陶醉的遊記，還有更深刻的意義。疫情期間獨自旅行，作者經歷了孤獨的時刻，經常需要去和自己的心靈和諧相處，去思考自我，慢慢地接納生活中的每一個細節。在表面看上去，這本書是關於旅行的，但它同樣是關於搜尋生命真諦的深沉的思索。

這本書是疫情時期的見證，但也同樣是人生旅程的記錄。每個人都可以在書中找到自己的影子，感受到心靈的共鳴。它不僅會輔助說明我們生命中的點滴，也會讓我們對這個世界的多元和美好產生更多的嚮往和探索。

疫情雖然已經過去，但肆虐三年的疫情卻給無數人的心靈留下了難以說明的「後遺症」。後疫情時代，我們更加需要這樣的充滿文化力量和人性溫暖的書籍，感受那一份寧靜和溫暖，重新審視生活的價值和意義。

最後，我要向鄧予立先生致以崇高的敬意和感激之情，他帶給了我們無限的文化和人文之美，讓我們感受到了人性的溫暖和文化的力量。請大家把這本書當做我們的朋友，讓它陪伴我們度過疲倦工作之後的漫長夜晚，輔助說明我們找到更多美妙的景色和生命之道的真諦。

周小燕

米蘭華夏集團董事長

推薦序 三

Over the years, I have had the pleasure of meeting Mr. Tang in many countries, but the first time our path crossed was in Taiwan around 20 years ago. Since then, I have had the privilege of getting to know him as a friend. I have also had the pleasure of reading many of Mr. Tang's traveling books and following his pictures thru his social accounts, and I truly appreciated watching them during the lockdowns as they allowed me to dream about traveling during these difficult times.

I also have to admit that I am secretly jealous about Mr. Tang as in the last 20 years, he still looks the same and hasn't aged at all. I guess traveling and learning something new everyday are his fountain of youth.

It is my honor to write a preface for Mr. Tang's new book, "Traveling in

Italy." He is a very nice person, always smiling, full of energy, and always curious about what is happening in the world. What I admire most about Mr. Tang is his generous and kind nature. He enjoys his life to the fullest, and he shares his joy with everyone around him. Mr. Tang is always eager to make new friends, and his vast network of colleagues and friends from different fields is a testament to his warm and friendly nature.

One of Mr. Tang's passions is the craftmanship of high-end jewelry and watches. It is this love for the intricacies of design and beauty that led him to become interested with the legendary jeweler Buccellati.

Mr. Tang also collects stones, Chinese pictures, calligraphy, and limited edition pens. He is a lover of travel and has a passion for photographing magnificent landscapes but also has an amazing capacity to capture faces of people in a very genuine way. I believe it comes from the fact that they can see that he is a genuine person with a big heart and always a big smile on his face whatever happens. His kindness is contagious!

I had the pleasure of introducing Mr. Buccellati to Mr. Tang last time he visited Milan, and he can attest to Mr. Tang's passion and excitement when he visited the Buccellati Atelier in Milano. Mr. Tang's passion for beauty and design is evident in every aspect of his life, and he is always eager to share his thoughts, opinions, and professional insights with others.

In conclusion, I hope readers will be inspired by Mr. Tang's love for travel, his passion for craftmanship and design, and his generous spirit. Mr. Tang's book is a testament to his zest for life and his unwavering commitment to sharing his experiences with others. The poet Gabriele d'Annunzio, a great patron of Buccellati always used to say while giving gifts to his friends that "you have what you have given", well, in this case one could say that Mr. Tang has a lot for all the sharing he has done about his amazing travels and the experiences he has accumulated.

I can't wait for the next book!!
and design

Dimitri Gouten

CEO Asia Pacific at Buccellati

【中文翻譯】

這些年來，我有幸在許多國家與鄧先生見面，然而我們第一次的相遇，卻是在大約二十年前的臺灣。此後，很榮幸與鄧先生成爲了朋友。我也有幸閱讀許多鄧先生所著作的旅遊書籍，並時常透過社群媒體帳號關注他的攝影作品，封城期間能看到這些照片，我心存感激，這使我在如此艱困的時期暢想自己也在遨遊世界各國。

我也必須承認，其實我暗自羨慕鄧先生，因爲在過去的二十年裡，他容貌依舊，仍然無時無刻洋溢著青春活力的氣息。我猜想每天旅行和學習新事物正是他青春的泉源。

非常榮幸能爲鄧先生的新書《老玩童遊義大利三部曲》撰寫序言。我非常欣賞他這個人，總是面帶微笑、充滿旺盛的生命力，每每對世界上發生的事情充滿好奇。我最佩服鄧先生的地方是他的慷慨和善良。他盡情享受生活，並與周圍的每個人分享他的喜悅與快樂。鄧先生總是熱衷於結交新朋友，他來自於不同領域的同事與朋友所形成的廣大人脈，在在證明了他熱情友好的個性。

鄧先生的愛好之一是欣賞高級珠寶和腕錶的工藝。正因對精細複雜設計和藝術美感的熱愛，使他關注了創世逾一世紀以上的傳奇珠寶品牌 Buccellati。

鄧先生亦收藏各種礦石、國畫、書法和全球限量版鋼筆。他熱愛旅行，熱衷於拍攝壯麗的風景，令人驚訝的是他也能捕捉到人物眞實而細膩的面孔。因爲這些拍攝的對象看見他的眞誠待人和開闊無比的心胸，且無論發生什麼事，臉上總是掛著燦爛的笑容。他的善良極度富有感染力！

鄧先生前次拜訪米蘭時，我有幸介紹他認識 Buccellati 先生，他可以證明鄧先生參觀米蘭 Buccellati 工坊時表現的熱情和興奮。鄧先生對藝術的美感和設計的熱切體現於生活的各個方面，並且總是滿腔熱忱地與所有周遭的人分享想法、觀點和專業見解。

最後，希望讀者能從鄧先生對旅行的熱愛、對工藝與設計的熱情，及其豪爽的精神獲得啟發。鄧先生的作品證明他對生命的熱愛和與他人分享經驗的堅定承諾。義大利著名詩人加布里埃爾．鄧南遮（Gabriele d'Annunzio）是Buccellati 的主要收藏家之一，過去送禮給朋友時常說：「有捨卽有得」。那麼，既然這樣，我們也可以說鄧先生爲精彩旅程和累積的經驗所給予的一切分享，代表他非常地富裕。

非常期待《老玩童遊義大利三部曲》的出版！

Dimitri Gouten

Buccellati 亞太區總裁

自序

即便我已走過大半個地球，依然經常有人問我爲什麼還要繼續旅行，我也無數次的回答過這個問題，每次都是同一個答案：人總要走出去，看不同的風景，見識與瞭解不一樣的人類歷史文明，見證世界多彩多姿，才能認識到自己的渺小，才會抱持更加謙虛、更加開放的態度對待世界的異見。

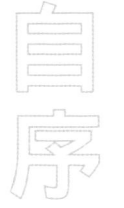

二〇二〇年七月開始，至二〇二三年二月，在疫情陰霾不時籠罩的三年間，我放開心情，盡情暢遊古國義大利，累計起來，總行程超過了一百多天，全國二十個大區裡的重要代表城市都曾遊歷過，更包括許多鮮爲遊客熟知的城鎮，到目前爲止是我歐洲各國遊歷中時間最長的國家。爲什麼我對她情有獨鍾，百遊不厭呢？

幾年前我看過一個電視節目，嘉賓說不管世界怎麼發展，一定要去歐洲旅行。作家阿城則說過這樣一段話：「不要先去義大利，要先去德國之類的國家，看工業文明和現代發展，然後再去法國、英國，看兩百年前的建築，最後再去義大利。如果把這個游覽順序倒過來的話，就沒意思了。」言下之意，一旦遊過義大利後，再遊歐洲，又有什麼能人眼呢？他又說：「義大利是物質和精神都『任你求』的一個地方。」他所言極是！義大利作爲「歐洲的文明之光」、「歐洲文化的搖籃」以及「文藝復興發源地」，她保留無數的文化遺產，到處都是延續兩千餘年的古老文明，她的地位不只在歐洲，幾乎在世界範圍內都沒有對手。朋友們可以通過我的義大利深度遊記明白我並非盲目誇讚，這並不是對我們的東方文明有絲毫的妄自菲薄之意，期待透過我的字裡行間，與讀者們分享這個人文歷史豐富的義大利。

目錄

都靈及周邊地區

羅馬及周邊地區

佛羅倫斯及周邊地區

前言．疫行義大利

義大利全名是義大利共和國（The Republic of Italy），一個讓中外旅客都趨之若鶩的國家。

猶記得我在一九八〇年結婚蜜月旅行時，首次旅遊義大利幾個較有名氣的城市，包括羅馬、威尼斯、米蘭、佛羅倫斯等，留下了深刻難忘的美好印象。其後四十年間，我數次重返義大利，有些景點是重複遊歷過的，當然也有首訪的景點。而最爲深度遊的一次要算是二〇二〇年以來的這三年了。由於世界猝不及防地遭到新冠肺炎的衝擊，人們的生活秩序被全盤打亂，突如其來的疫情也使我一度滯留在外地無法返回香港，長達三百多天之久。但也「因禍得福」，讓我乘機深度旅遊歐洲幾個國家，特別是瑞士、義大利和英國。最大的感受，莫過於景色依舊，環境卻截然不同。在疫情的無情肆虐下，各國、各城市採取不同的封城封區等防疫措施，一時間，平日熱鬧的大街小巷、擠滿旅客的熱門景點，變成了寂靜無聲、旅客寥寥可數的淒涼景況。然而，在這特殊時刻遊走其中的我，卻無意中享受到「疫行」之樂趣。

《老玩童遊義大利三部曲》是我繼「瑞士深度遊」的延續，要說瑞士的特色是看不盡的湖光山色，義大利則以絢麗的歷史人文風情著稱，在遊歷該國之餘，同時也是對歐洲文明的一次探索。當然她的自然景色也不遑多讓，同樣可以在這個國家見到群山連綿、丘陵起伏、海景壯闊等多變的地貌，更別提漫長海岸線上的風景秀麗。

我們展開世界地圖時，一眼就能見到上面的一隻靴子，這個國土形狀特殊的國家，就是義大利。她的面積達三十餘萬平方公里，疆土主要由南歐的亞平寧半島和位於地中海的兩個島嶼——西西里島和撒丁島（或稱撒丁尼亞島）所組成，在行政上劃分爲二十個大區，人口約六千萬。她還有個特別之處，就是領土包圍著兩個小型的主權國家——梵蒂岡（State of the Vatican City）和聖馬力諾（The Republic of San Marino）。

今天的義大利，是歐元區的第三大經濟體。二十世紀中，全球金融出現幾次經濟動盪、債市危機，都與她不無關係，可見其對歐洲乃至全世界的影響力。義大利本身是歐洲的文明古國，不僅有舊石器時代的考古遺蹟，更曾經發展爲一個疆域龐大的帝國，同時還是文藝復興的發祥地，歷史文化博大精深，直至今日依然保存很多令人驚嘆的遺蹟文物，甚至有不少是曠世之作的珍品，值得我們一看再看。說起來，截至二〇二一年，義大利還是擁有最多世界文化遺產的國家呢！據最新的資料記載，共有五十八個之多，相較中國的五十六個，暫時領先了兩個。

這次「疫行」義大利，由初夏至仲秋，由初春到盛夏，四季更迭，累計的旅遊時間居然長達一百多天，除了再度踏入一些過去曾經多次到訪的景點城市外，還走過不少鮮爲一般旅客所熟知的城鄉小鎮，甚至品嘗了多元的傳統美食。

由於完成的書稿篇幅甚巨，因而分爲三本書來出版，這是三部曲的第二本。已經出版的第一本涵蓋北義重鎮米蘭、威尼斯及其周邊地區，這本的重點放在中北義的都靈、羅馬、佛羅倫斯一帶，第三本則介紹亞洲人較少前往、但同樣精彩好玩的南義大利與離島。

日前甫出版的《老玩童遊義大利三部曲I：米蘭、威尼斯》借臺北著名義大利餐廳 Tutto Bello 舉行一連三場的新書發布會，百多位朋友邊享用美味的義大利佳餚，邊聽我分享旅遊趣事。雖然我因故人在外地未能親自到場，但透過視訊方式與來賓們互動，氣氛非常熱絡，也期待下次能夠親臨主持II、III部曲的新書分享。

那麼，就請跟著我繼續探索這個歷史古國的山河美景、文明瑰寶吧！

維羅納
威尼斯
都靈
米蘭
N
W
E
S
比薩
佛羅倫斯
利古里亞海
亞得里亞海
羅馬
巴里
那不勒斯
撒丁島
第勒尼安海
愛奧尼亞海
Italy
地中海
西西里島

都靈及周邊地區

舌尖上的旅行：阿爾巴、格林扎納卡佛、巴羅洛

白松露之鄉：阿爾巴

皮埃蒙特大區（Piemonte）位於義大利的西北部，來到此地，自然不能錯過富有歷史和文藝氣息的首府都靈（Torino/Turin）。然而都靈並非我在這大區的首站，反倒先來一次「舌尖上的旅行」。

這次旅行目的地包括阿爾巴（Alba）、格林扎納卡佛（Grinzane Cavour）和巴羅洛（Barolo）三個小鎮，它們都位於皮埃蒙特大區的庫內奧省（Cuneo），特產或特色分別是白松露、大片葡萄園和葡萄酒。

在這個大區內，能成爲以美食聞名的小鎮，當然有其天時地利的優勢。在義大利語中，皮埃蒙特是「山腳下」的意思，大區被阿爾卑斯山和亞平寧山脈三面包圍，另一面是廣袤萬里的波河平原腹地，平原上多條河流川流其間，加上氣候風調雨順，有利於作物的生長，阡陌縱橫，農產豐富，也是非常適合放牧的牧場。在這樣的環境下，出產美食食材一點也不奇怪。

我先抵達的阿爾巴是朗格（Langhe）地區重要的城鎮，跟其他庫內奧省的小鎮一樣好山好水好風光，不過阿爾巴最為出名的地方，居然是饕客美食家們眼中的珍味——白松露（white truffle）。

這次到訪，是一次美麗的意外，居然讓我們趕上當地最盛大的節日——阿爾巴國際白松露博覽會（International Alba White Truffle Fair）。載我過來的司機十分錯愕，絲毫不清楚盛事就在今天，我更是毫無頭緒。

這天是星期日，到小鎮的旅客並不太多，不過大家都盛裝打扮，感覺相當重視這場盛事。進入鎮內市政廳前的中央廣場後，我抬頭見到掛滿節日的彩旗，又搭建了「白松露節」的大型背板，這才意會到是一場可遇不可求的意外驚喜。原來小鎮一年一度的節日向來在十月至十一月舉行，是全世界最大的白松露交易博覽會，今年（二〇二〇年）是第九十屆。

白松露博覽會的舉辦場地在小鎮主街道上的一個市集內，這時距離開幕入場時間還有半小時，儘管疫情尚未解除，入口處已經聚集了不少人，說明這節日仍然有相當大的吸引力。不過司機表示，其實相較以往的陣仗，今天與會人

數是大不如前，也因此我們不消十分鐘就得以輕鬆入場。工作人員在入口處除了維持秩序外，還負責檢查與會者的背包等，同時也要求旅客必須戴上口罩方能進入，亦不時聽到提防「三隻手」的廣播。

1 小鎮湧入參與博覽會的人潮

2 會場內的白松露任君挑選

衆所周知，松露與鵝肝、魚子醬一起被譽爲世界三大頂級珍味。相對來說，我並不太鍾愛松露，認爲它不過是佐菜用的，從未深究其中奧祕。這次邂逅白松露，才加深了對它的了解。松露這種真菌，人類食用它已逾千年歷史。著名的松露包括法國黑松露和義大利白松露，兩者均被公認最有代表性，尤以白松露更甚，因爲它的年產量僅爲黑松露的十分之一，更加珍貴。爲什麼白松露與黑松露價格相距這麼大？主要還是白松露的生長環境要求比黑松露更爲嚴苛，需要鹼性的石灰土，自然生長於橡樹、榛樹和楊樹和櫸木等的根部，至今無法實現人工栽培，產量少，加上含有極高的營養價值，因而得到「餐桌上的鑽石」稱譽。

白松露博覽會分爲兩個部分：前一部分是擺賣攤檔，後面那部分卻很有分量，是拍賣白松露珍品的場地。不過疫情下限制人流，我被攔在門外，沒辦法入內感受拍賣的氣氛。環顧整個博覽會場地，人氣並不算太旺，放眼望去，我是場內唯一的亞洲人。聽說場內多爲義大利本國的採購商，較少來自他處。我對白松露認識不深，只好「口在路邊」（註：意指道路是可以問到的，同「路在口邊」），先繞場一周，多番打聽了解行情。

白松露的價格釐定是根據形狀、重量，按每克來計算的。它們顏色似土豆（馬鈴薯），大小不一，有如手指般小巧，也有大如乒乓球狀，更有和成人的拳頭一般大的。一般來講，味道越濃郁、越新鮮、越大顆，就越昂貴。

今年白松露的價格已較去年回落，我可算是「執到寶」了，一百克平均價格爲三百歐元（聽說往年都是每一百克四百歐元）。我遊走在攤檔間精挑細揀，最後還是拼了血本，買了兩大三小，共計九百多歐元，不僅價格昂貴，同時無法殺價，即使我多方設法議價，最後都徒勞無功。

攤檔店主把我選購來的「珍品」先用重重紙巾嚴嚴實實的包裹好，再用好幾層保鮮膜裹著，並告訴我，場內的白松露大多數是採獵人當天一大早到山上林區採摘的，相當新鮮。要知道松露的保存時間很短，尤其是白松露，常溫環境下帶泥的鮮品最好不要超過三天，如果天氣稍微炎熱的話，一天都延誤不了，即使放冰箱保存也不應超過一周，每一分鐘的流逝都是對這種食材的浪費！

還有一點很重要，全場所有買賣都是純現金交易，什麼金卡銀卡都不管用，提醒大家一定要備好充足的現金，否則只能如入寶山空手回了。

我徘徊在會場內，雖然隔著口罩，也抵擋不了四溢的濃郁香氣。場內主要提供新鮮的白松露，亦有黑松露，還用松露做成各種松露油、松露鹽巴、松露乳酪和乾松露片，單是小小的一包都要價十歐元，可不便宜啊！一般在食用時，只需放幾片在湯裡或麵條上面，已是芬芳滿盤了。

至於博覽會後方拍賣的部分，我透過外面的電視實況轉播湊湊熱鬧。今年拍賣過程不夠熱烈，聽說往年頂級白松露可拍到逾千歐元，與日本拍賣金槍魚一樣競投激烈。

說起阿爾巴白松露的採挖，有一部在二〇二〇年獲得臺灣金馬獎好評的紀錄片《松露獵人》（The Truffle Hunters），片中介紹了「獵人」採挖的艱辛過程。早期的白松露「獵人」與法國採挖黑松露的「獵人」多仰賴母豬在樹林中來回搜尋，原因是松露內含雄甾烯醇氣味，會令母豬產生興奮的生理反應，所以毋需訓練就能精準找到松露。然而當白松露被牠們發現後，卻也很容易成爲佳餚，被其吃掉。於是獵人開始訓練獵犬代替貪嘴的母豬，訓練有素的松露犬並不會偷吃白松露，逐漸成爲採挖白松露的最佳拍檔。同時，爲了訓練優秀的松露獵犬，阿爾巴的「獵人」還專門創辦了世界上唯一一所松露犬大學呢！

說起黑、白兩種松露，有人如此形容：黑、白松露的關係就有如蘋果和梨。其中黑松露的味道濃郁，綜合了蕈菇、蒜頭、蜂蜜、酵母與肉桂等較爲強烈的氣味；至於白松露氣味則較內斂，像是混合了蕈菇、乾酪、蜂蜜，濕麥桿，以及蒜香味。

離開博覽會，發現外面排隊入場的旅客愈來愈多，我轉而到周圍的街巷逛一逛。阿爾巴的歷史逾千年之久，可以追溯到羅馬時期，鎮內許多建築都相當具有歷史感，古韻盎然。標誌性的古建築以大教堂廣場上的聖洛倫索大教堂（La Cattedrale di San Lorenzo）爲代表，大教堂原本建於十二世紀，爲羅馬式建築，幾百年來幾經翻修，原本的建築逐漸被哥特式及其他風格所取代，如今紅磚建造的外觀極具特色且醒目。建於十三世紀的市政廳同樣是位於大教堂廣場的一座古建築，據說裡面收藏了一幅文藝復興時代義大利著名畫家馬克里諾・達艾巴（Macrino d'Alba）的畫作。此外，阿爾巴還有「百塔之城」的別稱，中世紀時期曾經建了諸多塔樓，塔樓具有多重功用，除了防禦作用外，還可儲存農作物，並彰顯貴族的權力。今天大部分塔樓已經被拆除或損毀，但也有完好保存下來的。

1 大教堂廣場，可看到有些中世紀塔樓完好保存下來

2 市政廳

3 聖洛倫索大教堂紅磚外觀極具特色且醒目

我見到街道上有許多店鋪也都以售賣白松露產品爲主，然而產品不及會場內的新鮮，而且又較貴。白松露產業帶旺了小鎮的繁榮熱鬧，讓村民發達致富。司機還打趣地跟我說，可別小看阿爾巴，這裡生活水準與米蘭不相伯仲，是一個名符其實的富貴小鎮呢！

阿爾巴除了是有名的「白松露之鄉」外，葡萄酒和巧克力也很出名。全球知名的巧克力糖果製造商費列羅（Ferrero，著名產品包括金莎巧克力、健達巧克力系列）就是在這裡創立的，小鎮不愧是藏龍臥虎之地啊！

回到酒店已屆晚飯時候，我向餐廳詢問可否用我從阿爾巴帶回來的白松露佐餐，因爲我是該酒店常客，於是他們破例爲我烹調義大利麵條配上白松露。只見餐廳經理戴上手套，把松露削成一片片薄片飄落義大利麵上，芬芳撲鼻。不過幾十片的「加料」，算一下它的重量，已花費三百元港幣，約一千元臺幣了。

餐廳經理特別提醒我，白松露千萬別用煮食，否則就會變味。像這樣趁著新鮮現刨現食，是最佳的方式，才能品嘗到它天然神祕的芳香。

世界遺產內的米其林午餐：格林扎納卡佛城堡

「舌尖上的旅行」第二個行程來到被列入世界文化遺產名錄中的格林扎納卡佛城堡（Castello di Grinzane Cavour，或譯爲加富爾城堡），它位於同名的格林扎納卡佛小鎮內。我之所以對這座城堡產生興趣，要從觀賞一九九四年張藝謀導演的電影《活著》說起，電影改編自余華創作的同名長篇小說，而這部小說在一九九八年七月獲得義大利「格林扎納卡佛文學獎」（Grinzane Cavour Prize），頒發獎項的地方正好在這座城堡裡。可惜這個創立自一九八二年的獎項，卻因該組織主席挪用公款的貪腐醜聞，在二〇〇九年終於因爲財務困難而破產，獎項也不再頒發了。

今天我可不是爲了文學藝術而來，而是專門爲了一嘗城堡裡面米其林一星餐廳的佳餚美食。餐廳平日門庭若市，一位難求，疫情讓我因禍得福，前一天在阿爾巴時就幸運地訂到了位置。

格林扎納卡佛城堡原本是加富爾伯爵卡米洛·奔索（Camillo Benso Conte di Cavour）家族的祖傳府邸，這位加富爾伯爵是義大利的政治家，也是義大利統一運動的領導人之一，更曾擔任義大利王國第一任的首相。城堡圍繞著一

↑加富爾伯爵卡米洛 · 奔索畫像

座十一世紀中葉的塔樓建成，外觀不太起眼，沒什麼特別之處，相較之下，周遭的風光美麗如畫，反而更吸引人。倒是加富爾伯爵本身對提升當地葡萄酒的地位做了不少貢獻，他邀請法國釀酒師路易・烏達特（Louis Oudart）為巴羅洛（Barolo）葡萄酒改良釀製方法，最終讓義大利紅酒一躍成為世界著名的葡萄酒之一。現在城堡被加富爾伯爵的後代捐給當地政府，並晉身為葡萄酒文化博物館，是劉伶們必遊之地。

1 格林扎納卡佛城堡與前方的葡萄園

2 從城堡望向四周的葡萄園

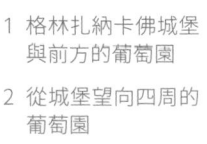

城堡二樓的米其林一星餐廳享譽美食界，午餐前，我先登上城堡平台，盡覽四周風景。城堡下方的山坡種植綠油油的葡萄樹，範圍廣大，一眼望去非常壯觀，壯麗的景色堪比瑞士拉沃葡萄園梯田，令人著迷。

這頓米其林午餐，讓我大快朵頤。午餐僅有三道菜式，簡單卻又不簡單：前菜是新鮮鵝肝，美味可口；主菜是「白松露煎牛扒」，首先端上一塊煎好的牛扒，搭配醬料，接下來就是主角「餐桌上的鑽石」白松露登場。處理此類高端食材，就非得由餐廳主廚負責不可。只見他把白松露拿在手中，在我面前刨了幾下，幾片薄薄的「鑽石」飄落在牛扒上，濃郁芬芳的氣味融合牛扒的香氣，香飄十里；牛扒與白松露兩者的顏色黑白相間，更加凸顯彼此。新鮮的牛扒質地韌嫩，配上白松露的迷人香氣，沁人肺腑，簡直是天堂的味道。

這道色香味俱全的主菜，即使我不懂義大利文如何表示讚賞，也立馬舉起大拇指，向這位大廚連聲說：「Delicious！」至於最後的甜品，則是我的至愛 Gelato 義式冰淇淋。

在文化遺產的城堡享用一頓松露午餐，是我此行義大利的意外收穫。

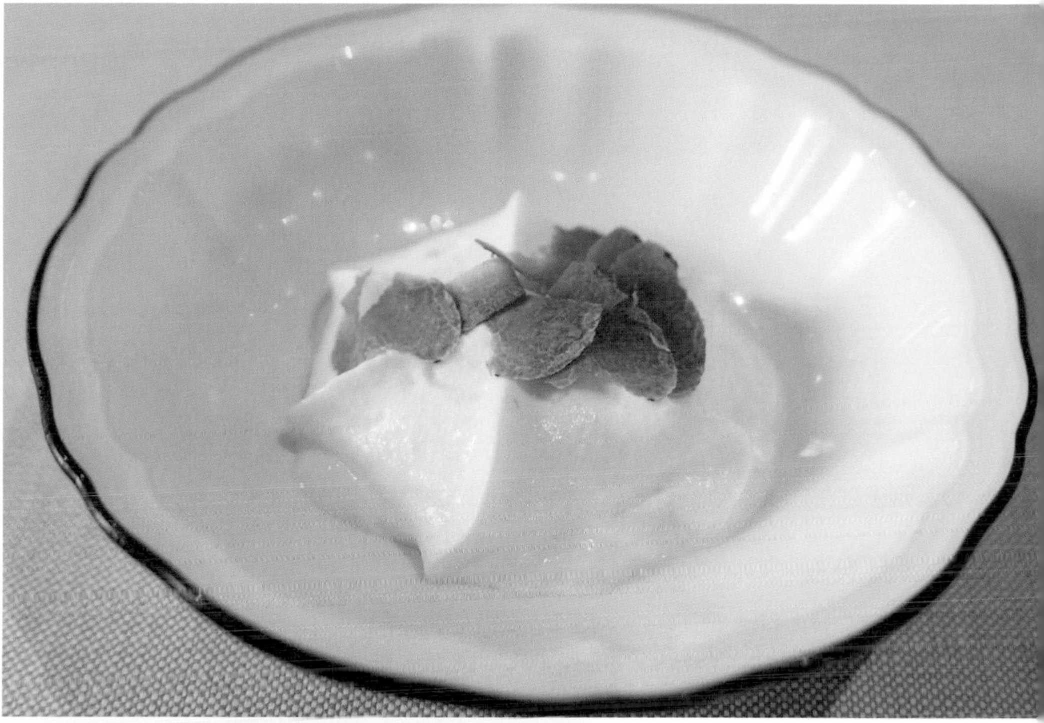

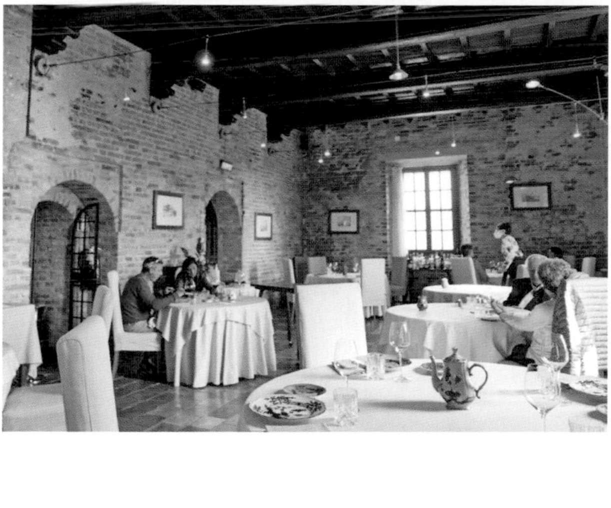

1

2

1 午餐後的甜品，上方的薄片爲白松露

2 城堡內的米其林餐廳

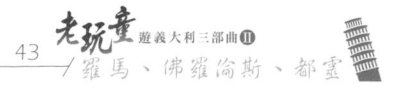

義大利酒王的故鄉：巴羅洛

劉伶們都熟知法國有勃根地（Burgundy）、波爾多（Bordeaux）等葡萄酒產地，卻經常忽略義大利庫內奧省的巴羅洛小鎮（Barolo），它正是義大利酒王巴羅洛的故鄉。

聽北京薇娜利雅葡萄酒精品館的黃總和酒評師小孫介紹過，葡萄酒界首屈一指的酒評家羅伯特·帕克（Robert Parker）曾經高度評價巴羅洛出品的酒：「此酒剛毅不屈，單寧極其強烈，在酒齡年輕的時候往往難以親近，且桀驁不馴。」這款足可媲美法國的美酒，成爲小鎮走向全球葡萄酒界的名片。

巴羅洛是首批獲得DOCG（義大利葡萄酒的最高等級）的產區之一，採用內比奧羅（Nebbiolo）葡萄品種釀製，該品種非常古老，至少可追溯到十三世紀。Nebbiolo這個字源於皮埃蒙特語Nebbia，是濃霧的意思，葡萄在接近成熟時，表皮會形成一層類似薄霧的白霜，因此有「霧葡萄」的美麗稱呼。在皮埃蒙特區，並非所有內比奧羅葡萄都能達到釀造巴羅洛紅酒的標準，而按照巴羅洛產區的規定，發酵完成的葡萄酒酒精度至少要達到13%，且在橡木桶中貯藏兩年以上，並在瓶中熟成一年，也就是總共至少得熟成三年以上，才算合格，也難怪可以生產出口感厚實，香味濃郁且品質優良的名酒。據說法國的「太陽王」路易十四用餐時，就一定要有巴羅洛的紅酒陪伴左右。

1 義大利酒王巴羅洛

2 小鎮到處是品酒的地方

3 鎮上賣酒的商店招牌

↑中世紀古堡 Castello Falletti di Barolo（葡萄酒博物館 WiMu）

當我進入巴羅洛這有名的葡萄酒小鎮，已聞到撩人酒香。當地乘「白松露節」之機，順便推介各酒莊生產的自家紅、白葡萄酒，所以滿街滿巷都是品酒（wine tasting）的地方，既然可以免費品酒，當然不乏嗜酒的劉伶。鎮中央矗立著一座中世紀的古堡 Castello Falletti di Barolo，是葡萄酒博物館 WiMu 所在地，不僅展示葡萄酒這種獨特文化，更提供當地最優質的樣本讓大家淺嚐。

我原先對葡萄酒認識不深，卻熱衷收藏酒中珍品，尤其是法國勃根地的產品，所以每年都夥同北京薇娜利雅的評酒專家們前往參加拍賣，多年的耳濡目染下，也算略知一點辨酒知識。巴羅洛葡萄酒具有豐富而多層次的香氣，常見爲焦油和玫瑰的香氣，更散發諸多其他香氣如李子、巧克力、乾果、桉樹、皮革、薄荷、桑樹、香料等等，此外更有獨特的白松露氣味。藉這次難得的機會，我聞著杯中的美酒，細細品味義大利酒干的香氣是如何複雜而有深度，再品嘗其中強烈渾厚的味道，以及嚥下之後的餘韻。

↑葡萄園

由於巴羅洛的位置與周遭相比，處在制高點，恰可以一覽山腳下內比奧羅深秋的田園景色。我一邊舉杯暢飲，一邊欣賞自然風光，眞有點醉臥酒鄉不思歸的飄飄然快感。這趟「舌尖上的旅行」，也在「半醉半醒」中畫上完美的句點。

都靈散策

裹屍布之謎

都靈（Turin，或譯爲杜林）是皮埃蒙特大區的首府。我來到古城的這一天，已是下午時分，天色陰暗。進城後，無暇他顧，直接前往聖若望廣場（Piazza San Giovanni）的都靈主教座堂（Duomo di Torino）。探祕是此行主要目的，尋找聞名於世的耶穌裹屍布（殮布），又叫都靈裹屍布（Shroud of Turin）。

爲了趕在教堂關門之前到達，我未及參觀教堂外觀，就風風火火地走進大殿。都靈主教堂建於十五世紀，爲紀念施洗約翰，所以又名施洗約翰大教堂。大殿基本上與其他的基督教堂並無太大差別，都有華麗的祭壇、壁畫和雕塑。教堂後方、與都靈王宮（Palazzo Reale）西翼相連的薩伏依皇室禮拜堂（Cappella della Sacra Sindone）反而得到我的關注，原因無他，耶穌裹屍布這件既著名又最令人費解的聖物就擺放在裡面。

導遊先讓我看一段關於這件聖物的視頻講解。她表示在觀看實物之前，多知道一點祂的背景，可以讓並非教徒的我有些心理準備，不致見到實物時，出現不寒而慄的不安情緒。

接著，我走近聖物，看到一塊麻布，上面印記著一個形似男性面容和全身正反兩面的痕跡。麻布長約四點四米、寬一點一米。導遊表示眼前公開展示的是一件複製品，真正的聖物已另行妥善保存。與我一同參觀的幾位教徒畢恭畢敬地向聖物祈禱，模樣虔誠。

1 薩伏依皇室禮拜堂中央祭壇

2 祭壇上方如層層堆疊的圓頂

「耶穌裹屍布」究竟是什麼由來，或有什麼玄機呢？

這就得從耶穌的「苦路」聖蹟說起。所謂「苦路」，是耶穌揹著十字架，前往刑場，直至最後被釘於十字架上，所走過的這段路徑。我到過以色列的耶路撒冷古城，亦曾跟隨耶穌的腳步走過當年那段「苦路」，並將這段遊記收錄在我二〇二二年二月出版的《謎一樣的國家：老玩童探索以色列》中，所以印象很深。

耶穌被釘死在十字架後，門徒四散，屍首無人收殮，後來被一位名叫約瑟的人把祂的屍體從十字架取下來，用麻布裹好，再埋葬在墳墓內。三天後耶穌復活，屍體不翼而飛，墓穴只留下一塊裹屍布。傳說這塊裹屍布初期保存在君士坦丁堡，後來一直下落不明，有一說是由拜占庭皇帝所持有。直至一三五三年，聖物再度浮出水面，當時是由一位法國騎士所擁有，並聲稱聖物是十字軍東征君士坦丁堡時獲得。一四五三年，裹屍布爲薩伏依王室（Casa Savoia）所有，並保存在法國東部香貝里小鎮（Chambery）的小聖堂內，一五三二年一場火災險些將之燒毀，所以麻布上面明顯留下兩道燒焦的痕跡。一五七八年薩伏依王室將聖物移至都靈主教座堂，一直保存到現在。導遊續說，其實初期

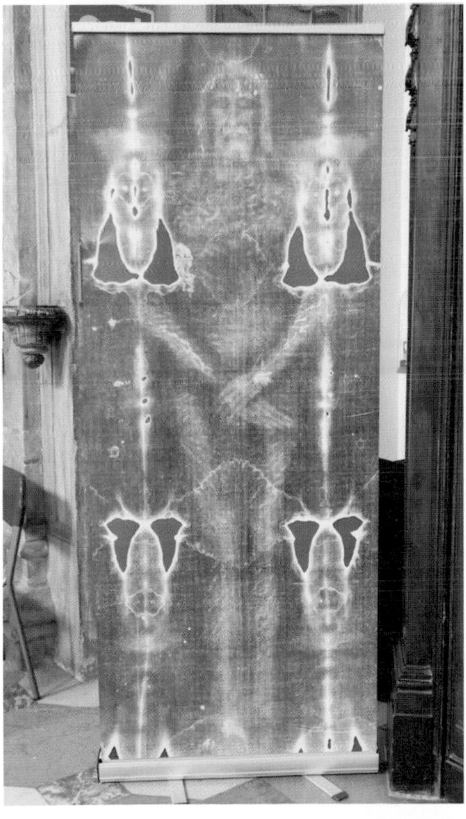

相信這塊麻布就是耶穌斂布的人並不多，當時放在教堂內，僅是作爲一件陳列的「展品」。

1 左爲存放裹屍布的地方，右爲裹屍布人面圖案的放大照

2 裹屍布透過負片攝影可見到更爲清晰的男性面容及全身

直到一八九八年五月二十八日，聖物如常展出，一位義大利考古攝影家塞貢多・皮亞（Secondo Pia）把裹屍布拍下來，照片經沖洗後有了驚人發現，布上居然見到男性的面容以及全身正反兩面的痕跡。「人面影像」的消息一經披露，頓時熱議紛紛。虔誠教徒自然深信麻布上留下的痕跡就是耶穌受刺冠、被鞭打以及被釘十字架的傷口和血漬的烙印，所以這塊麻布確實是耶穌的裹屍布。

隨著時代進步，科學技術越來越發達，不少考古學家、學者透過歷史、化學、生物、宗教、美術……各個層面、不同角度針對它來做研究，有正面肯定的，也有不少認爲只不是中世紀穿鑿附會的贋品，但尚未獲得確切的結論，「耶穌裹屍布」依然是一個謎。

「朝聖」之後，我踏出主教座堂，這時才仔細觀看教堂的外觀。教堂是文藝復興風格的宏大建築，在義大利北部相當少見，旁邊則有一座屬羅馬式風格的高聳鐘塔，樸素而沒有半點華麗的裝飾。

回到酒店後，我馬上電聯會同遊以色列的旅伴Brenda，請教她如何解釋「裹屍布」之謎。意外的是，她雖是虔誠教徒，卻對此事未有所聞，皆因聖經未有這樣的記載。她表示將會進一步查證，到時再與我討論研究。

不管最後結論如何，我也算是走了一次「朝聖」之路了。

1 都靈主教座堂，後方較高的建築爲裹屍布禮拜堂

2 從薩伏依皇室禮拜堂望向主教座堂的大殿

都靈的故事

二〇二二年春，歐洲多個國家宣布解除旅遊禁令，我高興之餘，馬上收拾行囊，迫不及待前往被疫情困擾一年多的義大利，這次重點遊是皮埃蒙特大區的首府都靈。

我已遊歷過不少義大利的名城、古鎮，甚至連風景優美的阿瑪爾菲海岸線都走過不只一次，可都靈卻是我的處女遊。這個城市到底有怎麼樣的吸引力呢？

自公元前五八年凱撒大帝時代古羅馬士兵進駐建營以來，都靈已有兩千多年歷史。這裡是義大利汽車業的搖籃，快意汽車（FIAT，臺灣譯作「飛雅特」）就是當中的表表者，近年更銳意拓展科技創新，被標誌爲「歐洲創新實業城市」；它也是一個充滿活力的運動城市，主辦過二〇〇六年第二十屆冬季奧運會，更是義甲勁旅祖雲達斯足球俱樂部（Juventius，或譯爲尤文圖斯）的主場，隊中球星多如繁星，想必熱愛足球的朋友也會想要來此「朝聖」。這是一個富有靈氣、歷史和人文藝術的城市，我的米蘭朋友跟我說，都靈並沒有其他義大利城市的隨興與雜亂無章，甚至可以從中見到法國巴黎的影子。

↑薩賓娜拱廊街

我的都靈行程始自「耶穌裹屍布」都靈大教堂，由於我離開大教堂後，已近黃昏，礙於時間有限，導遊並未安排後續的市內觀光行程，招呼我一同從羅馬大街（Via Roma）前往最美麗的薩賓娜拱廊街（Galleria Subalpina），到一家老字號咖啡店坐坐，順便聽她講都靈的故事。

當我穿過拱廊街時，見到地上有牛的標誌。究其原因，「牛」正是都靈的紋章圖騰。導遊說來到都靈，會讓我體會處處都「牛氣沖天」，生機勃勃。說時遲、那時快，我們來到了 Caffè Baratti & Milano 咖啡廳。這間咖啡廳開業於一八七五年，是全城五家最著名的咖啡店之一。經過一天的旅程，我已覺得疲倦口渴，正好入內休息一會，順道了解一下爲何這裡會有「巧克力之都」美稱。

咖啡廳內部寬敞明亮，完全不像一家擁有一百四十多年歷史的古董老店。我們兩人都點了著名的 Bicerin，也就是古法製作的奶沫巧克力。待這杯 Bicerin 奉上來後，我才知道這其實是由 Espresso 濃縮咖啡、熱巧克力和牛奶混合而成的飲品。一只放在白色小碟上的高腳玻璃杯盛著咖啡色的 Bicerin，上方厚厚一層白色奶沫，滋味香醇可口，我感覺更勝單純的義式濃縮咖啡。這家咖啡廳原是賣糕點起家，據說幾乎全市民眾都愛上它出品的榛果功克力（Gianduiotto），我也不「執輸」（粵語，動作慢人一步的意思），同樣要了一份。放進口內，齒頰留香，難怪這麼受歡迎。

1 咖啡館門前地上有牛的圖案

2 都靈街頭到處是牛的圖騰

3 Baratti & Milano 咖啡廳

CAFFE
204
LAVAZZA
LAVAZZA

Brooksfi
TORINO 1971

MADERA
PETIT BORDEAUX

導遊先介紹這條薩賓娜拱廊街，它是一八七三年由義大利建築師 Pietro Carrera 建造的傑作。接著她說，都靈有五多：教堂多、宮殿多、博物館多、廣場多和城堡庭園多。想要深度旅遊這座城市，我預留的五日其實時間很有限，不太可能走遍整個都靈。

她先稍微講解一下當地的歷史：自古羅馬時代開始，這座城市周遭便築起圍牆，形成具防禦性的軍事要塞，儘管多次經歷戰禍，古城依然保存完整。也因爲羅馬時期的規劃，使得都靈道路筆直，城市方正。這幾天我們遊覽都靈時，會經常漫步城中的街道，對此應有所體會。

十九世紀這裡曾被法國占領，驅逐了原來的主人薩伏依家族，殖民統治一段短時間之後，又由薩伏依家族的維托里奧．埃馬努埃萊一世（Vittorio Emanuele I）重新奪回執政權，並開始著手統一義大利，都靈也成爲義大利在統一過程中一個重要城市。直到維托里奧．埃馬努埃萊二世（Vittorio Emanuele II）才眞正把義大利共和國建立起來，都靈也成了統一後的第一個首都，所以很多大城市中心廣場豎立埃馬努埃萊二世的雕像，就是爲了紀念他在統一義大利方面的貢獻。

↑從下榻酒店眺望夕陽下的都靈

我們在咖啡廳待了好一會，聽罷城市的故事後，我才沿著優雅的羅馬大街返回下榻酒店。回到房間，我推開窗戶，夕陽下的古城，紅瓦的平房，遠處的尖塔伴隨著教堂的鐘聲，如此祥和的氣氛，怎不令人著迷？

漫步羅馬大街

翌日大清早，導遊來到之前，我已迎向夾著寒意的春風，走到戶外，迫不及待感受這座古城的韻味。

↑羅馬大街

米蘭有一條時尚的蒙特拿破崙大街，都靈則是羅馬大街，位於城市的歷史中心區。這條筆直的大街途經多個廣場，我下榻的酒店剛好就在大街的中央，大街一邊的盡頭是都靈火車站，另一端則通往城堡廣場（Piazza Castello）。

義大利導遊每天的時間一般是由早上九時才開始，我向來早起，便利用這段間隙，自己漫步古城。

導遊之前提過，羅馬大街是一條熱鬧非常的城市主幹道和購物街，連接如蜘蛛網般的街道，整體較米蘭更爲乾淨。清早行人稀少，我穿過兩側優雅的拱廊，和林林總總的咖啡廳和餐館，由於時間太早，多半尚未營業。一路上行經大大小小數個廣場，有的面積較大，可見雕塑和噴泉，有的則只有丁點大空間，不過確實能體會爲何導遊說都靈的廣場多。

據說當祖雲達斯球隊獲得足球聯賽冠軍的殊榮時，都靈的市民會湧上街頭，在聖卡洛廣場（Piazza San Carlo）上狂歡慶祝。聖卡洛廣場中央有一座由卡洛・馬羅凱蒂在一八三八年爲紀念薩伏依公爵埃馬努埃萊・菲利貝托（Emanuele Filiberto）對城市的貢獻所創作的著名雕像「銅馬」。廣場本身呈長方形，長一百六十八米、寬七十六米，面積有12,768平方米，算是古城的核心廣場之一。廣場的布局有點像威尼斯的聖馬可廣場，只是規模稍遜一點。在廣陽一隅，又讓我遇到了象徵都靈的「牛」圖騰，一座古舊水龍頭，看來這個城市果然對牛尤爲鍾愛。

1 銅馬雕像

2 聖卡洛廣場

↑聖卡洛教堂（右）和聖克里斯蒂納教堂（左）

聖卡洛廣場有個別稱，叫做「都靈的畫室」，我想應該歸功於包圍在廣場四周的教堂和美輪美奐的巴洛克風格建築群。南端羅馬大街的兩邊，分別座落兩座建於十七世紀的巴洛克風格老教堂：聖卡洛教堂（Church of San Carlo Borromeo）和聖克里斯蒂納教堂（Church of Santa Cristina），兩者外觀相似，有種對稱的美感。其餘則有咖啡廳、餐館等，至於北側出口附近還有座巨型的拱廊商場——聖費德里科購物廊（Galleria San Federico），是時尚品牌商店的集中地。

↑聖費德里科拱廊街

↑城堡廣場一隅，遠處是利托里亞塔樓

我原以爲聖卡洛廣場已是最大且最具代表性的，繼續前行，經過好幾座舊大樓和宮殿後，眼前出現了更宏偉壯觀的城堡廣場。城堡廣場的面積看起來跟聖卡洛廣場相近，但若論歷史價值，當然要數城堡廣場更勝一籌，它見證都靈的歷史和發展，在它周圍具有歷史影響力的建築，包括王宮（Palazzo Reale）、夫人宮（Palazzo Madama），以及與王宮相連的主教座堂，組成了整個城市的政治和宗教中心。

同時這裡也是城市主要幹道的交匯處，匯聚了羅馬大街、加里波

↑從都靈王宮望向城堡廣場，左爲夫人宮

第街（Via Garibaldi）、波河街（Via Po）和皮亞托米卡街（Via Pietro Micca）等四條主要大街。其中加里波第街歷史非常久遠，可追溯到古羅馬時代，是都靈最古老的街道。它的另一端是法律廣場，整條街長几百多米，是全歐洲第二長的步行街。至於波河街和皮亞托米卡街也都十分繁華熱鬧。這幾條街道兩邊都是配有柱廊的建築，顯得分外典雅。城堡廣場也經常舉辦活動，在二〇〇六年冬奧期間，廣場上還特別設立了舉行頒獎典禮和音樂會的舞台，成爲「獎章廣場」（La Piazza della Medaglie）。

Giornali·Libri
TORINO
PORTA NUOVA
Arrivi Arrivals
Partenze Departures
07.03.2022

↑都靈火車站

時間尚早，我並未進入皇宮等景點參觀，循著原路折返，並一路往前，走到羅馬大街的另一頭，直至都靈新門車站（Torino Porta Nuova railway station）。車站本身是一座宏偉的建築，完成於一八六八年。這時已屆上班時間，人群蜂擁而至，熙熙攘攘。事後查詢資料，我這才知道它竟然是義大利繼羅馬總站、米蘭中央火車站後的第三大火車站，真的是有眼不識泰山！

朝聖之路

眼見與導遊相約時間已到，我從羅馬大街匆匆忙忙趕回酒店，見到導遊女士已氣定神閒地等候著我了。她獲知我今早獨自漫步於古城大街小巷之間，於是建議臨時調整當日的行程，由原來的市內觀光、參觀皇宮和博物館等活動，改爲先到郊外走走，到蘇薩河谷（Val di Susa）的皮基利亞諾山（Pirchiriano）山頂，參觀聖米凱萊修道院（Sacra di San Michele，又譯作聖彌額爾修道院），這是法蘭契傑納朝聖之路（Via Francigena）中，朝聖者經過義大利時的落腳點之一，並非一般旅客遊覽的景點，但對朝聖者來說，卻是必經之地。

我曾經先後到過聖雅各朝聖之路（El Camino de Santiago）在法國、瑞士和西班牙三國的幾個城市，卻未曾聽過都靈也有一處朝聖的地方。原來這是一條逾千年的古老朝聖路線，起點爲英國的坎特伯雷大教堂（Canterbury Cathedral），穿過法國、瑞士，翻過阿爾卑斯山，進入義大利的羅馬，再延伸至普利亞，從這裡搭船前往「聖地」耶路撒冷。自十二世紀，每年都有成千上萬的信徒踏上朝聖之路，而都靈的聖米凱萊修道院就是爲他們擋風避雨的庇護所之一。

我們從市區出發，車程一個多小時就到達了蘇薩山谷，導遊提議沿坡路攀上海拔高約一千米的山頂。我在二〇二一年經歷了西藏阿里的長征，今天這般的海拔高度，眞的是屬於「小兒科」，完全沒有任何難度。況且今天天朗氣清，惠風和暢，我也效法古人，一路上「仰觀宇宙之大，俯察品類之盛，所以遊目騁懷，足以極視聽之娛，信可樂也。」管他世間紛爭事，倒不如做個快活逍遙的「老玩童」！

我們踏上蜿蜒的山坡路，朝雲端上的頂峰前進。一座巍然屹立在岩石峭壁上的宏偉建築——聖米凱萊修道院出現在我的視野中，逐漸由小變大。它踞高

个前方爲提供修士們的居所，後方爲聖米凱萊修道院

臨下，俯視阿爾卑斯山綿延萬里的山脈和波河河谷，在古羅馬時期曾是重要軍事要塞，易守難攻的關隘，到公元十世紀末，才從原來的城堡關隘改建爲一座包含修道院、朝聖信徒修行之所、天主教堂和鐘樓組成的建築群。在十二到十五世紀，這裡一度是義大利本篤教會的重要中心之一。

在修道院前面，有一座老修道院的遺址。根據資料介紹，原來這堆殘垣敗瓦是十二至十四世紀時提供修士們的居所，但也敵不過時移世易，紛紛戰亂的摧毀，今天只留下一堆廢墟讓人緬懷。

跨過遺址之後，我們仰首一看，面前正是與岩山渾然一體，雄偉的聖米凱萊修道院。它兀立在高山之巔，被群山環抱，尚未進入修道院，已有如臨仙境的感覺。我站在修道院入口處，朝下方一望，這兒離基座達二十多米，使我好似身臨絕境，生怕一不小心就會摔下山崖，粉身碎骨了。

1 大天使聖米凱萊雕塑

2 黃道十二宮門一側的雕刻

基座左側有一座青銅雕塑，雕塑的主角是大天使聖米凱萊（San Michele，或譯為聖米迦勒、聖米歇爾），祂斬魔的劍就斜插在腳下。走過正門，是一段青石路，兩側是拱門、壁龕和墳墓，過去曾經做為存放僧侶遺骸的地方，如今已清理並予以妥善埋葬了，但這段路因此被稱為「死者之梯」（Scalone dei Morti）。我們拾級而上，石梯頂部的大理石門 Portale dello Zodiaco 是十二世紀的雕塑傑作，也稱為黃道十二宮門，應該可稱作修道院的精華所在，石拱門上雕刻有十二星座標識、花朵、動物、人物等，雕工精細，分別象徵流逝的時間和世間萬物的和諧共處。

我再沿梯級走上去，就到了修道院的教堂。教堂兼具哥特式和羅馬式建築的風格，進入中殿後，左邊的牆上是一幅一五〇五年的聖母升天大型彩繪壁畫，保存得很好。接著我步出教堂，站在最高的平台上，極目遠望，面前視野開闊，毫無阻礙，就連遠方的雪峰都一覽無遺，頗有點始皇帝「大地在我腳下，國計掌於手中」的氣慨！

一九八〇年一位義大利作家翁貝托·埃科（Umberto Eco）就以這座修道院作為小說故事的背景，寫了一本暢銷小說《玫瑰之名》（The Name of the

Rose）。一九八六年這部小說改編成電影（臺灣譯爲《薔薇的記號》），講述由辛康納利（史恩．康納萊）扮演的主角——英國聖方濟教會修士

1 修道院的教堂

↑修道院高處景致

威廉追查，宗發生在十四世紀宗教會議時的連環殺人案，讓人們更加認識中世紀時的義大利。

更令我感興趣的則是另一個傳說，導遊向我娓娓道來：有位美麗的少女爲了逃避抓捕她的士兵，來到修道院躲避。她登上塔頂向天使禱告，然後縱身跳下山崖，不料神蹟突然出現，她居然被天使所救起。這本來已是一個完美的結局，然而這位少女卻爲了向村民炫耀自己得到天使的眷顧庇佑，便又再次於衆人面前「表演」，從塔頂一躍而下。然而這般受到虛榮心驅使的行爲並未打動天使，最後她跌卜山崖失去了生命。

↑維納利亞宮

朝聖之路暫告一段落，我們重返都靈，來到了山下的維納利亞宮（Reggia di Venaria），Venaria在拉丁語中是打獵的意思，所以這兒是皇室的狩獵行宮。它是薩伏依王室居住過的王宮之一。薩伏依王朝創立於十一世紀，都靈的命運也是從那時候開始，就與這個王室緊緊地聯繫在一起。它在十九世紀中到二十世紀中統治義大利近百年，義大利統一後的第一任國王維托里奧・埃馬努埃萊二世就屬於薩伏依王室。維納利亞宮始建於一六七五年，是歐洲最美的巴洛克建築代表之一，據說巴黎的凡爾賽宮一部分設計靈感也來自這裡。一九九七年，維納利亞宮與其他薩伏依王室的居所一起被列入世界文化遺產名錄中。

个宮內展示的豪華馬車

現在這兒搖身一變成為博物館，裡面展示著薩伏依王朝和都靈的歷史變遷。宮內有相當多壁畫，多以狩獵為主題，正呼應這裡原本是座狩獵行宮。其中有個偏廳展示王室出行乘坐的豪華馬車，裝飾各種複雜的花紋圖案，精雕細琢。另外一艘無比華麗的巨型木桅船，是威尼斯的藝術家和工匠花了兩年時間所打造，船首和船身都細膩地雕刻著海神、天使等，金光奪目。維納利亞宮給我留下最深刻印象的是一條長長的雪白走廊，地板由墨綠色與白色大理石相間排列，像整齊擺放的棋盤般。當自然的光線從兩邊投射進來，走廊更是如夢似幻、美不勝收，讓人嘆為觀止，我甚至認為比凡爾賽宮金碧輝煌的鏡廳更勝一籌，

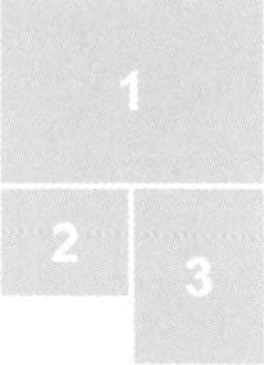

1 華麗無比的巨型木桅船

2 宮內的房間

3 夢幻般的雪白長廊

↑以狩獵爲主題的掛氈

可謂天外有天，人外有人，大家不妨來參觀一下，作個評判。

王宮博物館的面積很大，藏品衆多，我單是參觀一遍已超過三個小時，若想更仔細欣賞，恐怕還得預留更多時間。每個廳房擺設都各有特色，甚至收藏許多中國瓷器，件件珍品，另外還有大量中世紀的兵器和盔甲，以及精緻的掛氈等。

走完全程後，我仍意猶未盡，打算到皇宮外繼續逛一逛王室御花園，不過當我聽說面積達六十多公頃，若要繞園一次，非得在此留宿一宵不可，只得打消念頭，遠觀欣賞足矣。

个散步波河畔欣賞清幽景致

波河畔觀日出賞日落

波河河畔是都靈觀日出、賞日落美景的理想之地。

翌日，我再度早起，朝火車站方向走去，更向前行，就到了波河河畔。可惜當日天公不造美，天陰雲低，又多了一層濃霧，朦朦朧朧鎖蔽住整座城市。在這般天氣下，朝陽恐怕很難衝破晨霧，旭日東升的美景看來成爲泡影，唯有帶著一點失落，散步在河畔林蔭大道。環境清幽，波河水流清澈，悠閒散步自得其樂，倒也稍微平撫原本的掃興心情。

↑噴泉中間四個雕塑象徵都靈的四條河流

波河是義大利最長的河流，全長六百五十多公里，源自阿爾卑斯山脈中的科蒂安山（Alpes Cottiennes），流域覆蓋很廣，流經義大利的皮埃蒙特、倫巴第、艾米利亞－羅馬涅以及威尼托等四個大區，及多個北部重要城市，最後在威尼斯附近注入亞得里亞海。都靈的位置座落在波河的上游，它自南向北貫穿整個城市，將城市分爲左右兩岸，兩岸地貌各有千秋，左岸是平原，也是熱鬧繁榮的市中心區所在；右岸是丘陵林區，植被豐富，環境優美，是市民假日休閒的好去處。

1 運動健兒在河上划艇，爲平靜的波河增添活力

2 仿古興建的城堡與村莊

這次我誤打誤撞，在瑪格麗塔橋（Ponte Regina Margherita）和維托里奧・埃馬努埃萊一世橋（Ponte Vittorio Emanuele I）附近，發現一座瓦倫蒂諾公園（Parco del Valentino），是義大利最古老的公園，開放於一八五六年，占地面積達五十多萬平方米，身爲都靈第二大的公園，園區內除了基本的園林設施：草坪、林木花圃外，還有民居住所，房屋外觀雅致。面朝波河的中央有座大噴泉頗爲壯觀，周圍的十二個雕像代表一年的十二個月，中間四個較大的雕塑則象徵都靈的四條河流。公園是對外開放的，一大清早已有不少市民在園內舒展筋骨、散步、慢跑、遛狗等，各適其式，非常愜意。

我在公園盡頭發現了個仿照中世紀建造的城堡和村莊，外觀看過去，是一座防禦性的堡壘，有高高的城門和瞭望塔，圍牆看來非常堅實牢固。據說該城堡是爲一八八四年在都靈舉辦的「藝術與工業總展」而建，如今是一座露天博物館。我踏過吊橋走進村莊內，感覺這地方更像一座主題公園，這時還未到開放時間，我穿梭城內窄巷中，感受中世紀居民的生活氣息。根據資料介紹，城堡分四層，設有牢房、兵器庫、議事廳和廚房等。參觀村莊是免費的，但若要進入城堡，瞭解中古時代貴族的生活方式，則需另行付費。

　　這座公園並不簡單，園內還有瓦倫蒂諾城堡（Castello del Valentino），同樣在一九九七年作為薩伏依王室居所的一部分被列入世界遺產名錄中，如今這個皇家宮殿成爲都靈理工大學建築系的所在地。另外還有划艇的俱樂部，我在河畔散步時，見到不少運動健兒在河上划艇，爲平靜的波河增添活力。

　　由於我念念不忘登山遠望，欣賞都靈全貌，便和司機約好把我載到右岸的 Monte dei Cappuccini 小山崗上。在晚期巴洛克—古典主義風格的聖瑪利亞教堂（Church of Santa Maria）前方，有個觀景平台，越過橫在面前的波河，再往前看，視野寬闊無阻，美麗

的都靈市貌盡收眼底。唯一可惜的是仍有些薄霧，清晰度不夠高，有點遺憾。

午餐後，司機建議我先往高處，待稍後雲霧散去，便有機會看到日落波河的場景。我當然不會反對，於是乘車登上蘇佩爾加山（Superga）山頂，先參觀一座因「誓言」而建的蘇佩爾加大教堂（Basilica di Superga）。

1 蘇佩爾加教堂大殿

2 聖瑪利亞教堂

3 從教堂前方的觀景平台看都靈市貌

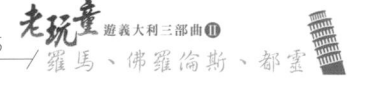

十八世紀時，歐洲戰亂頻仍，義大利也不能倖免，都靈陷入與法國和西班牙聯軍的戰爭中。一七〇六年的春天，薩伏依公爵維托里奧・阿梅迪奧二世（Vittorio Amedeo II）來到山上，見到當前兵臨城下，都靈陷於水火之中，於是向上天禱告和發起誓言，如果都靈這回能夠突出重圍，戰勝敵人，他將建立一座教堂獻給聖母瑪利亞。都靈最終逃過一劫，力保不失，大教堂也因此建立在山頂上。

大教堂所在的山崗是都靈全市海拔最高的地方，近七百米高。橘白相間的教堂外觀宏偉氣派，巨大的暗紅色穹頂使它更顯醒目，從對岸的每個角落都能清楚望見，宛如這座城市的保護神。內部大殿以灰色與米白色爲主要基調，沉穩大氣卻又不失富麗堂皇，巨型基柱的柱頭上有精美雕刻，以及複雜的拱廊和門樓。這天我幸運地遇上一對新人，他們雙雙攜手步出大教堂，好一幅「執子之手，與子偕老」的幸福景象！

我錯過了今早的日出，對於日落都靈懷抱了更大的期望，於是看準時間，沿著大教堂山坡路趕往設在半山腰的觀景台。可惜今天運氣欠佳，我們摸錯了方向，浪費不少時間，來到觀景台時，太陽剛墜入波河，只留下一條灑在河面上的粼粼金光。我從觀景台俯瞰都靈，望著緩緩流淌、穿城而過的波河輕嘆。

1 蘇佩爾加大教堂

2 從大教堂的門廊
欣賞斜陽落日

博物館巡禮

這幾天在都靈古城內外觀光遊覽，儘管它的名聲不及羅馬、文藝氣質比不上佛羅倫斯，繁華時尚更無法與米蘭匹敵，但它內容多元，讓旅人有更多不同的選擇。尤其博物館、藝術館、畫廊衆多，匯聚古今珍品，包羅萬有，如果要細心觀賞，安排一個星期時間也不爲多。

若認眞評比，古城最頂尖、最有名氣的幾間博物、藝文館包括：瑪德瑪宮（Palazzo Madama）、東方藝術博物館（Museo di Arte Orientale）、都靈市立現代藝術畫廊（Galleria civica d'arte moderna e contemporanea di Torino）、阿涅利家族美術館（Giovanni and Marella Agnelli Art Gallery）和都靈埃及博物館（Museo Egizio）。

這天與陪伴我數日的導遊相約，她知道我在行旅中動靜皆宜，動愛攀山涉水、遊歷名勝古蹟；靜態方面，我也愛參觀博物、藝文館等，於是在都靈的最後行程，就著重參觀博物館。由於時間只剩最後一天，導遊提議從上面提到的五間裡頭挑選精華中的精華，於是我們最後決定分上、下午時段參觀瑪德瑪宮和都靈埃及博物館這兩處。

我們第一個參觀的博物館是瑪德瑪宮，又叫大人宮，之前提過它是城堡廣場建築群中的一座宮殿，由前後兩座不同時代和風格的建築構成的「混合體」，後方保留了十五世紀古羅馬城堡的外觀，而正面宮殿是十七到十八世紀巴洛克式的產物。「夫人宮」這個名稱來自十七世紀，當時宮殿內住了薩伏依王朝卡洛・埃馬努埃萊二世的夫人瑪麗—讓娜—巴蒂斯特。

1 夫人宮由前後兩座不同時代和風格的建築構成

2 夫人宮的背面

1
1
2

1 太陽儀

2 夫人宮內著名館藏：西蒙．特羅格的雕塑，中及左爲所羅門的審判，右爲以撒的犧牲

在夫人宮內可以欣賞到不同的建築風格和裝飾魅力，不過它的精華所在，要屬設在宮內的古代藝術博物館，收藏逾七萬件從十五世紀至十九世紀期間的繪畫、雕塑、古籍、珠寶首飾，以及來自中國的瓷器等，我還在其中見到一尊白瓷觀音像。讓我印象最深刻的藏品是一座十八世紀的太陽系儀，以胡桃木及其他珍貴木料製成，是一座機械設備，以日心說的模式來表現太陽系中行星和月亮的位置和移動。中間的球體代表太陽，周圍有幾個不同方位的支架，則代表不同的恆星及其衛星，是個罕見的藏品。

宮內不僅藏品豐富，就連大廳和房間也極盡奢華，不論天花板和地板都裝飾精美的圖案和繪畫，當然也不乏各式各樣的大小塑像。在大約兩個多小時的參觀時間內，藏品或建築裝飾琳琅滿目，讓我看得目不暇給，的確值得一遊再遊。

我們原定下一站是埃及博物館，不過都靈王宮就在夫人宮斜前方，因此，我要求擠出一點時間，到裡面的王宮博物館（Musei Reali di Torino）參觀一番，並且再次感受皇室的貴氣，由於我的要求相當合理，導遊欣然採納。

1 從夫人宮看向都靈王宮

2 都靈王宮正面

↑都靈王宮內部展示與長廊

王宮的原址是一座建於十六世紀的主教宮，在十七世紀時，由當時攝政的克里斯蒂娜·瑪麗（Christina Maria of France）下令修建，後來也經過多次的設計修改。在一八六四年義大利王國從都靈遷都佛羅倫斯之前，這兒一直作爲薩伏依王室的居所。都靈王宮分爲好幾個部分，如大廳、房間、畫廊、圖書館、兵器庫，以及考古博物館等，應有盡有，比剛才參觀的夫人宮更加富麗堂皇，隨處都可見到金光閃閃的裝潢，擺放的雕塑、壁爐都美麗得令人驚嘆，連瓷器也是難得一見的精品。王宮的西翼是之前提到收藏「耶穌裹屍布」的禮拜堂，與主教座堂相連。

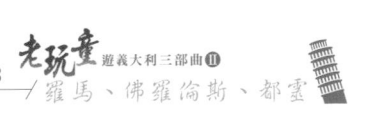

王宮後面則有一座花園，因爲時間緊迫，我只透過大廳的窗戶看了幾眼便罷。

博物館之旅的最後行程，是都靈埃及博物館，建館於一八二四年，歷史悠久，同時是世界上收藏埃及文物的博物館中，規模第二大的，僅次於埃及開羅國家博物館。博物館自開館以來，就座落在一六七九年興建的貴族學院（Collegio dei Nobili）大樓內。

館內的文物多達四萬件，橫跨四千多年歷史。我在導遊的導覽下，先來到二樓，這層樓陳列了多具用亞麻布裹著的木乃伊和陪葬品。其中頗多人圍觀的是一具側臥屈膝的木乃伊，放於橢圓形墓穴中，據說是當時盛行的墓穴形式。穴內並沒有什麼貴重的陪葬品，估計身分大概是普通百姓。此外還有各類石棺、存放屍體內臟的喪葬瓦罐，這些瓦罐設計很特別，形式多樣化。館內還重建公元前十四世紀皇家建築師哈伊（Kha）和妻子馬里（Merit）的墓室，展示古墓內的陪葬用品和食物等。

1
2
3

1 約公元前三千多年的木乃伊，當時盛行橢圓形墓穴以側臥屈膝式埋葬，身旁圍繞著陪葬物

2 公元前 20 到 22 世紀 Iti 和 Neferu 墓中描繪兩人接受食物祭品的葬禮石碑

3 動物木乃伊

至於爲數不少的莎草紙收藏品中，最有名的是《死亡之書》，紙上寫了些咒語，目的是讓死者可以順利進入永生的境界。還有一份分量相當重的《都靈王表》（Papiro dei Re），是埃及新王國時期第十九王朝（約公元前十二到十三世紀）的史料，用象形文字寫在莎草紙上，列舉了自前王朝時期，也就是埃及文明的第一個時期，一直到著名法老拉美西斯二世（Ramesses II）時代的法老名字與在位年數，其中包括一些目前已挖掘的文物史料中未曾記載的法老及其執政年分，並將歷史劃分成古王國、中王國、新王國這三個時期，這些都爲研究埃及王朝的考古學者專家提供非常寶貴的資料。

往下一層，收藏了尺寸大小不同，或巨型、或精巧的雕像。公元前十三世紀拉美西斯二世的黑色花崗閃長岩雕像，頭戴皇冠、手持權杖，連長袍的紋路都細膩刻劃，很有價值；法老霍倫赫布（Horemheb）和阿蒙神（Amun）的雕像，其中阿蒙神的尺寸比較大，顯示神明較法老更重要；公元前十五世紀阿蒙霍特普二世（Amenhotep II）手持兩個瓶子獻酒給神明的雕像；更有二十多尊塞克荷邁特獅頭人身女神像（Sekhmet）。此外，由於一九六〇到一九八〇年之間，一座水壩的興建導致古埃及文明的一處遺蹟將遭受淹沒，爲了加

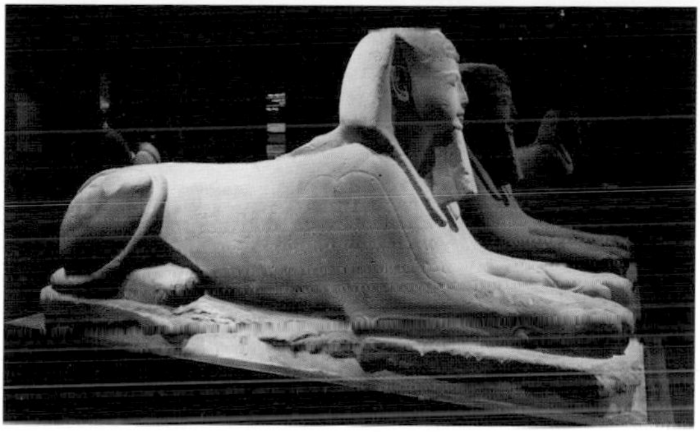

以搶救，於是將古蹟進行搬遷，重新安置他處，包括著名的阿布辛貝神廟（Abu Simbel）。爲了感謝義人利的協助，埃及政府贈送了一座公元前十五世紀的埃勒西亞神廟（Temple of Ellesyia），整座神廟被運回義大利重新拼裝好，在博物館中重現，讓參觀者有身歷其境的感受。

1 法老霍倫赫布（右）和阿蒙神（左）的雕像
2 持有兩個花瓶的阿蒙霍特普二世雕像
3 拉美西斯二世黑色花崗閃長岩雕像
4 人面獅身像

兩層樓的博物館內分成好幾個展區，藏品異常豐富。導遊表示都靈埃及博物館能有今天的規模，得歸功於一位拿破崙時期駐埃及的法國總領事貝爾納迪諾・德羅韋蒂（Bernardino Drovetti），他出生於皮埃蒙特，從埃及帶回來的「戰利品」爲博物館的建立奠定了基礎。

我餘興未盡地告別了埃及博物館。在我看來，都靈其他博物館都可以忽略，唯獨這間博物館非遊不可。

回程酒店途中，我來到都靈市內最具象徵性的一棟建築——安托內利尖塔（Mole Antonelliana）。這座高聳入雲的尖塔由阿利桑德羅・安托內利（Alessandro Antonelli）設計建造，原先是要建成猶太會堂，不料成本與工期持續增加，建築工程一度停擺，後來由都靈市接管這個項目，才總算繼續完成。如今尖塔高一百六十七米，如鶴立雞群般，凌駕在全城的建築之上，也因此在城市幾乎隨處可見。尖塔曾經是義大利復興運動博物館，現在則改爲國家電影博物館。這次我遲來一步，尖塔博物館已關門，只能止步塔前。

經過五天行程，我已體會到古城之美，正如豎立在城堡廣場前的市政府宣傳板上所說：「都靈什麼都好（Torino-so much of everything）！」

1 安托内利尖塔如今爲國家電影博物館

2 安托内利尖塔如鶴立雞群凌駕在全城建築之上

絕美濱海小鎮：五漁村

義大利的利古里亞大區（Liguria）緊貼著倫巴第和皮埃蒙特兩個大區，論起面積就顯得迷你袖珍多了，可這裡卻有著獨特的地理環境，背靠阿爾卑斯山脈和亞平寧山脈兩座天然屏障，好像一把弧形張開的弓面向地中海，氣候得天獨厚。在一條長長的雷萬特海岸線（Riviera di Levante）上，就有令國際旅人傾倒的五漁村（Cinque Terre）散落在海崖邊。

看到「漁村」兩字，腦海浮現的是樸素又簡陋的地方，殊不知這五漁村並不一般，它由五個鄰近的小村鎮組成，包括蒙泰羅索阿爾馬雷（Monterosso al Mare）、韋爾納扎（Vernazza）、科爾尼利亞（Corniglia）、馬納羅拉（Manarola）和里奧馬焦雷（Riomaggiore）。這五個村落連同附近的韋內雷港（Porto Venere）、帕爾馬里亞島（Isola della Palmaria）、蒂諾島（Isola del Tino）和提內托島（Isola del Tinetto），在一九九七年一起被列為世界文化遺產。而在一九九九年，義大利政府將五漁村獨立設爲國家公園（Parco Nazionale delle Cinque Terre），成爲該國最小的國家公園。國家公園的規模大小不重要，疫情前，五漁村每年可都迎接超過兩百五十多萬名旅客前來度假。

乘著二〇二〇年重返歐洲之際，我擬再訪遊五漁村，可惜最終這項行程並未安排上。回想二〇一五年，我曾與兩位旅伴同遊當地，往事再度清晰地浮現腦海。

記得在二〇一五年初夏，我與兩位旅伴 Brenda 和 James 並未搭乘專列火車直達五漁村的拉斯佩齊亞（La Spezia）火車站，反而選擇搭乘汽車，沿海岸蜿蜒曲折的公路，行車時間足有三個小時。海岸公路的景色優美不在話下，除了大海伴隨一路前行，經過的層層梯田是翠綠的葡萄園和橄欖園，更有繁茂山谷間的小徑。

爲了保護五漁村的環境，不讓外來的汽車駛入，只能停在入口的停車場，大家以徒步的方式，從蒙泰羅索阿爾馬雷的山上村口拾級而下。五漁村被認爲是一條最美的徒步風景線，用雙腳漫步，方能領略它眞正的美麗。走不到十分鐘，已見到下面的漁村了。從高處看下去，花花綠綠、五彩繽紛的小屋塡滿了山坡和崖邊，海邊彷彿掛了一塊調色板，非常吸睛。

旅伴 Brenda 早就準備了行程資料，她說五漁村中以蒙泰羅索阿爾馬雷最大和最熱鬧。穿越黃色的拱廊房屋後，就正式踏入村內。一路上是數不清的紀念品商店、酒吧、咖啡廳，以及市集等等。我們來到菲基納海灘（Spiaggia di Fegina），眼前視野開闊，海天一色，這是五漁村內最大的海灘，上頭滿是撐開的陽傘，色彩斑斕，彷彿一條條彩練。海灘上、海水中到處是弄潮兒和享受日光浴的旅客，可惜我們並未準備泳裝，無法施展「浪裡白條」的泳技。

海灘上有條小徑連接兩邊的山崖，其中一個方向可登上名叫極光塔的瞭望塔，再往前走就是村落較爲古老的區域，可以探索聖方濟教堂、古堡和修道院遺蹟等；另一邊是巨大的海神雕像，雕像原本撐著一棟帕斯亭別墅（Villa Pastine）的露臺，可惜別墅在二戰期間遭到轟炸，雕像也變得殘缺不全。

我們在村內閒逛了一會，就地在海灘上的餐廳用餐。Brenda 愛海鮮，當地的鯷魚是最佳選擇，我和 James 則選擇義大利麵和披薩。用餐時才知道五漁村幾個村之間並沒有明顯界線，不過各村的烹魚方法各有不同。大家一邊用口品嘗餐點美味，一邊用眼欣賞面前美景，其樂無窮。

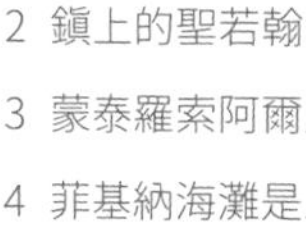

1 小鎮一隅

2 鎮上的聖若翰洗者堂

3 蒙泰羅索阿爾馬雷的另一個小海灘，遠處爲極光塔

4 菲基納海灘是五漁村最大的海灘，上頭滿是色彩斑斕的陽傘，彷彿一條條彩練

个搭乘火車前往里奧馬焦雷

為了節省時間，我們後來更換交通方式，改到村外乘搭火車。五漁村不愧為一處旅遊勝地，各個村落都設有火車站，為旅客提供方便，十多分鐘便把我們送到最南端的里奧馬焦雷。

下車後，我們穿過隧道，進入村落裡頭。村內房子一樣建在山坡上，顏色鮮豔，好像我小孫子玩耍的「樂高積木」那般堆砌起來。這些房子大多面朝大海，村民們安坐家中就能享受到和煦的陽光和無敵海景，實在非常幸福。這座小漁村建於公元八世紀，當時希臘的逃犯為逃避羅馬統治者的追殺，於是逃到這裡避難，最終建起村落，就此久居。

我們一面欣賞這些色彩鮮豔活潑的房屋，一面向海邊的碼頭走過去，冀能趕上觀光渡輪，順便作一次海上遊。

我們登上觀景台，這是一處最佳打卡點，只見小小的海灣停泊了各色舢舨，山坡上五顏六色的房子順山勢疊砌而上，立體感強烈，其中有幢紅牆白邊的樓房最是顯眼。海灣的岩石是黑色的鱗狀玄武岩，讓我不由得聯想到澎湖的柱狀玄武岩，兩者各有不同的韻味。

1 里奧馬焦雷一隅

2 從海上看里奧馬焦雷

1 里奧馬焦雷的房子色彩鮮豔活潑

2 馬納羅拉海岸，五漁村最受遊客歡迎的拍照景點

有段由此處通往馬納羅拉的小路，被認爲是世上最浪漫的沿海步道。這段路徒步約半小時，稱爲「愛之路」（Via dell'Amore），一側臨海，一側是懸崖陡壁。這兒是情侶們情到濃時定情求婚之處，也是拍攝婚紗的好地方。小徑上掛著無數情侶留下的「同心鎖」和海誓山盟、情意綿綿的字句，表達愛侶們的無限情意。然而，二〇一二年這段路曾經發生山體滑坡，導致幾名旅客受傷，大部分的路段因此封閉至今，只開放了其中一小段。

我們並未走上這段「愛之路」，改搭乘觀光渡輪從海灣出發，直抵馬納羅拉，並從海上遠觀這個建在岩石上的小村落，相較我們剛參觀過的兩個小村，這裡既沒有沙灘，又沒有海灣，但同樣有著標誌性的彩色房屋。村外葡萄園遍布，算是幾個村落中範圍較廣的，當地出產一種甜酒Sciacchetra，享譽酒界。

接著我們又從海上掠過科爾尼利亞和韋爾納扎，遠觀這些臨海而建的精緻小村鎮，高塔、教堂間雜其中，更少不了山坡上的葡萄園和橄欖園。渡輪行經韋爾納扎時，抬頭一看，有座建在岩山上的堡壘，現在已改成提供餐飲、欣賞海景的地方，按照方位來看，也該是個觀日落的好地方。渡輪又再經過蒙泰羅索阿爾馬雷，最終來到利古里亞的首府熱那亞（Genoa），結束了水陸兩棲的五漁村行程。

1 從海上看愛之路

2 韋爾納扎的岩山堡壘現在已改爲餐廳

哥倫布之城：熱那亞

觀光渡輪泊岸後，我們馬上進行另一個古城行程，熱那亞是義大利西北部利古里亞大區的首府，該國的第六大城市。這是一座歷史悠久的海灣貿易港口，亦是存在於十一世紀至十九世紀、曾經輝煌顯赫的海洋霸主熱那亞共和國首都。隨著歷史的轉變，王朝統治者的交替更迭，這座城市同樣經歷過興衰起落，不過時光荏苒，它始終未曾改變在歐洲海運貿易上的重要地位，與法國的馬賽、西班牙的巴塞隆那並列爲地中海最重要的港口城市。儘管城內有堂皇的宮殿、莊嚴的教堂和美麗迷人的港口，然而我們此次只是匆匆過客，時間有限，只好從衆多古蹟勝地擇其一二間逛遊覽。

首先到達港口，但見港口碼頭井然有序，岸上是一列排開數百台的重型吊臂，又有貨倉和集裝箱貨倉。整條碼頭線長二十二公里，可以停泊兩百多艘大型船隻，也可讓一百艘貨輪同時裝卸貨物，水域面積達四百五十三平方米。

↑熱那亞港口一隅

雖然比不上我曾經參觀過的上海洋山港口，但洋山港口畢竟爲二十一世紀的現代化港口，熱那亞的歷史逾千年，可以追溯到古羅馬時期，層次和時代不同，實不應拿來相比較。

旅伴 Brenda 表示港口也是熱那亞的其中一張名片，它仍然是全義大利最大的商貿港口和重要的工業中心，分爲新、舊兩部分。得益於一九九二年以「克里斯多福．哥倫布：船與海」爲主題的世界博覽會，城市進行一次大規模重建的海岸工程，舊港岸邊一些舊倉庫刷上鮮明的色彩，成爲旅遊休閒的場所；新港大部分的現代化建築群，也如雨後春筍地建設起來，繁榮至今，是

↑倫佐玻璃球是一座生態園

商業活動的集中地。新區大部分的建築出自義大利著名建築師倫佐．皮亞諾（Renzo Piano）之手，他加入新元素，替港口改變形象，換上新風貌，成爲今日市民與旅客雲集的地方，好不熱鬧。其中以一座位在岸邊但漂浮於海上的巨型玻璃球型建築最爲耀眼，被稱爲「倫佐．皮亞諾的泡泡（Bolla di Renzo Piano）」，或是「倫佐玻璃球」，其實它眞正名稱叫做「生物圈（Biosfera）」，裡面是一座開放給旅客參觀的生態園，有很多不同品種的植物和動物。每到晚上，玻璃球燈光璀璨，十分醒目，也把港口映照得光鮮亮麗，吸引許多旅客聚集欣賞港口的夜色。

个形似起重機的全景觀光電梯

從港口延伸了多條街道，順山勢緩緩上升。我留意到街道的房屋有個特別的共同設計，就是自屋外伸出「騎樓」，跟以前香港灣仔地區一樣，形成一條騎樓街。騎樓下方改爲各式各樣的商店和咖啡廳，既可擋雨遮陽，方便市民行走其中，又成了港口區的一道風景線。

港口內還有一座形狀似一架起重機，向外張開多條斜支架，亦是這位生於熱那亞的建築師倫佐・

皮亞諾的傑作。這座支架設計看似簡單，卻內藏玄機，竟隱藏了一台全景觀光電梯，當電梯吊至高處，視野極佳，可飽覽全城風光。除此之外，港口更有一座全義大利最大、歐洲第二大的水族館，包羅萬有，什麼罕見珍貴的海洋生物都能找到，是一個老少咸宜的觀光點，特色是其中有許多水族箱試圖還原眞實的海洋環境，例如南極、亞馬遜河、紅海等地。限於時間，我們只好掠過，未入內參觀。種種大型設施建設，讓它在二〇〇四年贏得歐洲文化之都的稱號。

說起熱那亞，眞是名人輩出，例如大家都非常熟悉的克里斯多福・哥倫布（Christopher Columbus），他生於一四五一年的熱那亞共和國，擁有探險海洋的熱情。一四九二年，他乘著由阿拉貢國王（Reino de Aragon）費迪南二世和西班牙伊沙貝拉一世贊助的船隻，由西線前往東印度群島，竟然意外地發現了美洲大陸。如今熱那亞市內有不少他的雕塑，當地機場、博物館也都以他來命名，他的航海功績被認爲是熱那亞的航海英雄，這座城市也被稱做「哥倫布之城」。

另一位出生在熱那亞的名人是揚名音樂界的國際小提琴大師尼科羅・帕格尼尼（Niccolò Paganini），他不僅是著名的演奏家、作曲家，更是歷史上最偉大的小提琴大師之一。其他知名人士當然少不了建築大師倫佐・皮亞諾，當今世上

个曾經關押馬可 · 波羅的聖喬治宮

很多大城市的著名建築都出自他的手筆，包括法國巴黎的龐畢度藝術中心和日本關西國際機場等，以及我頗爲熟悉的瑞士伯爾尼保羅克利博物館（Zentrum Paul Klee），設計新穎，讓人大開眼界。

還有一位與這座古城有著間接關係的人，那就是跟我同樣喜歡環球旅行的威尼斯探險家——馬可·波羅（Marco Polo），他因戰爭而被囚於熱那亞監獄一段時間，在這段服刑的期間內，他向獄友口述自己在亞洲、中國的經歷，完成了《東方見聞錄》（即《馬可波羅遊記》）這部偉大的著作。熱那亞的聖喬治宮（Palazzo San Giorgio）就是曾經關押馬可．波羅的地方。

我們漫步在文藝復興及巴洛克風格的大街——加里波第街（Via Garibaldi）上，兩側是古色古香的宮殿古蹟和過去商會會所舊址，迷人漂亮的舊大樓比比皆是，令人應接不暇。這片宮殿建築群多由熱那亞當時權勢最高、財富最多的貴族家庭所建造，並在二〇〇六年被列入世界文化遺產名錄中。

我們匆匆穿過新城區，接著踏上老城區的石板路，來到熱那亞古城的北面，一座有三扇大門的聖洛倫佐大教堂（Duomo di S. Lorenzo）立刻吸引大家的注意，甚至還花了不少時間入內參觀。大教堂始建於十二世紀，直至十七世紀才正式全面完工，花費了很長的時間建成。它是羅馬式和哥特式的混合風格建築，外觀和內部設計都是熱那亞特有的黑白雙色條紋鑲嵌工藝，典雅大方，頗接近伊斯蘭文化。正門的雕刻以耶穌聖蹟爲主體，門楣中央以耶穌等聖人雕塑作裝飾。此外，教堂鐘樓一般是與比薩斜塔一樣，獨立於教堂本身，但這座大教堂卻是教堂和鐘樓合而爲一，明顯是法國的風格。我們踏入宏偉嚴肅的教堂內，裡面的珍寶館藏有一只「聖杯」，是傳說中耶穌在最後晚餐中用過的酒杯。我們三人中，只有 Brenda 是虔誠教徒，她圍著「聖杯」繞了一圈，祈禱一番後才願意離開。之後我們散步在古老的舊街道上，享受古城的氛圍，不失爲一樂事。

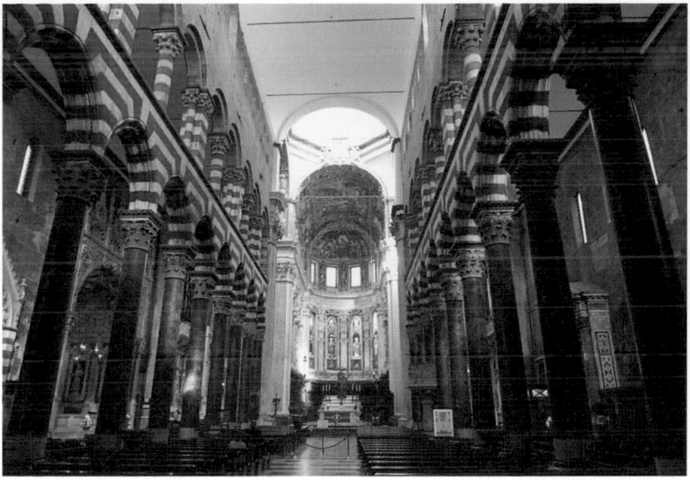

當地的金融商業中心是我們此行的最後一站，位置在新、舊城區之間，中央是費拉里廣場（Piazza De Ferrari），周圍被辦公大樓、銀行、保險公司、證券交易所和熱那亞總督府等建築包圍。廣場中央有一座巨大的噴水池，是旅客必經和打卡之處。附近是但丁廣場（Piazza Dante）和哥倫布小時候的故居。

此程來去匆匆，可惜未能更深入瞭解這個哥倫布的故鄉。倘若下次再來，一定要事前做好行程安排，盡量多停留一個晚上，參觀這座充滿朝氣、富有文化的新城舊貌，若能同時一遊城裡的博物館、畫廊和宮殿，讓收穫更爲豐富，那就再理想不過了。

1 教堂內部景致與彩繪玻璃

2 聖洛倫佐大教堂

1 費拉里廣場中央有個巨大噴水池

2 熱那亞總督府

羅馬及周邊地區

永恆的羅馬

「他像一位巨人，跨越了這狹隘的世界。」這是莎士比亞名劇《裘力斯．凱撒》（The Tragedy of Julius Caesar）裡的臺詞，這位歷史上無帝王之名卻被後世稱頌爲「凱撒大帝」的偉大人物就是羅馬帝國的奠基者。「Friends, Romans, countrymen, lend me your ears.（各位朋友、各位羅馬人、各位同胞，請你們聽我說。）」凱撒死後，跟隨他出生入死的安東尼（Antony）在葬禮上發表了演講，正是這場演講逆轉了羅馬的局勢，而羅馬的命運也決定了西方文明的走向。

中國人多少都有一些「漢唐盛世情結」，這兩個時代的文治武功以及所創造的輝煌燦爛文化直到今日還在澤被後世，影響我們的行爲或思想。歐洲也有這樣的時代，那就是昔日的羅馬帝國。作爲唯一長期統一過歐洲的國家，很多歐洲人心中也都有一個「羅馬情結」。在漫長的中世紀時期，歐洲最有權勢的教皇和皇帝的駐地都在羅馬，無論政治還是文化上都帶著濃厚的羅馬烙印，羅馬文化催生了歐洲的近代文明。如果說漢唐時代代表中國人的自信與凝聚力，那羅馬時代就是歐洲人的高山仰止，是無數歐洲人的精神家園。

作爲羅馬帝國、乃至如今義大利的首都城市，羅馬也是該國最大、人口最多的城市，是全國的政治、經濟、文化、旅遊和交通中心，亦是宗教中心梵蒂岡城國的所在地。然而她的魅力不僅體現在帝國全盛時期展現的繁榮，更體現在其產生的影響對後人的助益。她的存在就像一部眞實的時間機器，過去和現在可以任意穿梭，但又不同於一般意義上的古城。羅馬是眞正的「永恆之城」（Eternal City）。

一九八〇年是我與這座城市的初會，之後又數次造訪，每每因爲它太過美好而無從下筆。在我看來羅馬是經得起任何讚美之辭的，它代表著從古至今的榮耀和偉大，義大利也因爲羅馬在歐洲的國家中有著十分特殊的地位。藉著疫情期間在義大利的深度旅遊，我又與羅馬重逢，重溫和她的美好回憶。這次，且讓我試著用文字和圖片，向大家傳達我眼中的羅馬到底有著怎樣的魅力。跟著我一起出發吧！

威尼斯廣場與羅馬競技場

當我們說起歐洲，一定繞不開昔日的古羅馬帝國，爲了進一步加強統治，帝國修建了以羅馬爲中心通向四面八方的大道。史料記載，羅馬人總共修築了八萬多公里的硬面公路，不管從哪個行省出發，最終都能到達羅馬，所以有了後來的「All Roads Lead to Rome（條條大路通羅馬）」。羅馬不僅屬於羅馬人，也屬於全人類，每年來自世界各地的遊客乘興而至，在這座城市體驗羅馬文明的悠久和延續。

單聽威尼斯廣場（Piazza Venezia）這個名字，會以爲在威尼斯，其實不然，它位於羅馬市中心，更是當地最大的廣場。很多人的羅馬之旅都是以此爲起點，現在也成了網紅的熱門打卡地，非常值得我們專程來一趟。

廣場呈長方形，長一百三十米，寬七十五米，是五條大街的匯合點，羅馬市的交通中樞。廣場的主體建築是維托里奧．埃馬努埃萊二世紀念堂（Monument of Victor Emmanuel II），爲了紀念開國國王埃馬努埃萊二世對義大利統一的貢獻。它始建於一八八五年，一九三五年才全部竣工，凝聚了當時建造工匠們的畢生心血。紀念堂的周邊沒有高樓大廈，讓人一眼望去就

个威尼斯廣場上的維托里奧・埃馬努埃萊二世紀念堂

感到建築格外恢宏壯闊，也令我聯想到宏偉的北京天安門廣場。

這座以白色大理石打造的新古典主義建築由建築師朱塞佩・薩科尼（Giuseppe Sacconi）設計，整體外型使它獲得了兩個非常貼切的外號：「結婚蛋糕」和「印表機」。從外觀看來分爲三層，最上層十六根科林斯圓柱形成的對稱弧形立面稱得上是建築史上經典作之一，兩端各有一座方形的門廊（Propylaea），上方是駕著戰車的天使，讓建築更添氣勢。

從中央的樓梯走上去，來到中層平台，這兒設有無名英雄墓，是紀念爲義大利獨立而陣亡的士兵們而設。

个紀念堂兩側門廳上方是駕著戰車的天使

正中央有個羅馬女神的雕像，左右各有一組紀念國家統一的浮雕，兩旁則點燃兩盆永不熄滅的火焰。前方無論何時都有兩名士兵站崗，不管風吹日曬，守護著爲祖國獻身的無名英雄們，在我看來與天安門廣場上的人民英雄紀念碑並無分別。無名英雄墓的上方，是一座橫戈躍馬的青銅雕像，主角正是完成義大利統一大業，被義大利稱爲「祖國之父」（Pater Patriae）的開國國王維托里奧・埃馬努埃萊二世。

紀念堂底層的兩側各有一個半圓形噴泉，分別象徵亞得里亞海和第勒尼安海，也吸引旅客們往池內拋扔硬幣，當作許願池。紀念堂後面的觀景台可以免費參觀，或選擇搭乘付費電梯到達紀念堂的最高點，俯瞰整個羅馬城。

每年六月二日義大利的國慶當天，廣場上都會舉行盛大的紀念儀式，熱鬧非凡。我在二〇二二年十月和十二月先後來過廣場，第一次礙於疫情的影響，仍未全面開放。至於第二次已是疫情結束，人流如潮，擠進廣場都有相當的難度，更別說進入紀念堂底層的「復興運動中央博物館」。

除了這座「白色蛋糕」外，廣場周圍不乏大型建築。特別是右邊一座十五世紀的威尼斯宮（Palazzo di Venezia），文藝復興式的宮殿建築，爲威尼斯巴爾博樞機主教（Pietro Barbo，後來的教皇保祿二世）所建。但這座大樓最廣爲人知之處，卻是在二戰期間，大樓成爲義大利法西斯主義創始人墨索里尼（Benito Mussolini）的辦公官邸，他多次在大樓的陽台上向群衆發表煽動性的演說。今天已變身成爲博物館，可以在此欣賞到藝術品和歷史文物。

另外，波拿巴宮（Palazzo Bonaparte）曾經是拿破崙母親的住所，現在常作爲藝術展覽的場所；而由義大利最大的保險公司所建的一座大樓牆上可見到一塊牌匾，說明米開朗基羅（Michelangelo）大師的故居曾位於此處，他不僅居住於此，更在這兒辭世。然而在這塊區域的開發過程中，故居已然拆除了。

距離威尼斯廣場不遠，就是鼎鼎大名的羅馬競技場（Colosseo，又稱爲羅馬鬥獸場）。羅馬競技場同中國的萬里長城共屬「世界新七大奇蹟」，原名弗拉維圓形劇場（Amphitheatrum Flavium），因爲它是在公元七二年由弗拉維王朝的維斯巴西安諾皇帝（Vespasianus，或譯爲維斯帕先、韋帕薌）動用了逾萬猶太奴隸建造，並在公元八〇年其子提圖斯皇帝（Titus）在位時建成啟用。

1 羅馬競技場的日夜風貌

雄偉的競技場是古羅馬最巍峨的地標建築，帝國權力的象徵，相信只有在國家興盛時期才能擁有這種建造實力。最初建造這座競技場的目的是爲了娛樂皇室和貴族，供殘暴的權貴尋歡之地。表演的項目包括我們現在從影視劇中看到的人獸廝殺、角鬥士之間的格鬥還有海戰表演等，當時的羅馬貴族每天聚集在這裡，觀看充滿著暴力、血腥、刺激、瘋狂、恐怖、殘忍的各種嗜血廝殺中。站在廢墟遺址上，彷彿仍然聽到場內格鬥勇士的嘶吼，以及坐在場內觀衆的呼喊聲，響徹雲霄。

競技場呈橢圓形，占地約兩萬四千平方米，圍牆高約四十八米，大概是現代樓高的十八層左右，周長五百二十七米，長一百八十九米，寬一百五十六米，可以容納五萬名觀衆，觀衆席共有四層，另外還有關押野獸和角鬥士的地下室。

在欣賞競技場建築時，可以留意一下它的「羅馬柱」。如今我們常說的「羅馬柱」其實可以細分爲五種樣式，當中有三種是源自古希臘，包括：多立克柱式（Doric）、愛奧尼克柱式（Ionic）和科林斯柱式（Corinthian）。羅馬時代更進一步衍生出比多立克柱式更爲簡約的托斯坎柱式（Tuscan），和融合愛奧尼克柱式與科林斯柱式，樣式更爲複雜的混合柱式（Composite）。羅馬競技場的第一層採用典型的多立克柱式，第二層爲愛奧尼克柱式，第三層則是科林斯柱式。

FIVE TYPES OF COLUMN ARCHITECTURE

Tuscan	Doric	Ionic	Corinthian	Composite
扎斯坎柱式	多立克柱式	愛奧尼克柱式	科林斯柱式	混合柱式

↑羅馬柱的五種樣式

作為古羅馬帝國最巍峨的標誌性建築之一，羅馬競技場在世界建築史上占有重要地位，提供寶貴的技術財富，例如現今在建造巨蛋這類的大型體育場館、音樂廳等等，就沿用了它的圓形設計、出入口管理、階梯型觀眾席等設計。

第一眼看到競技場時，心中頓時浮現「渺小」兩字。在這樣壯觀的建築面前，不只是周圍事物的渺小，還有身為人類的渺小，但偏偏又是渺小的人類創造出了這樣的建築奇蹟。

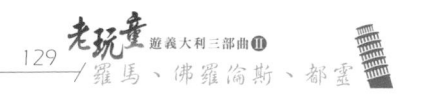

跨越了歷史長河的競技場如今雖是千瘡百孔，依舊傲然屹立，是古羅馬榮耀和野蠻的見證。美國畫家湯瑪斯・柯爾（Thomas Cole）如此描述他眼中的

競技場：「即便已成殘骸，依舊華麗燦爛。」英國著名作家查理斯・狄更斯（Charles John Huffam Dickens）在一八四六年遊覽完競技場後，作出了一段評論：「這是人們可以想像的最具震撼力的、最莊嚴的、最隆重的、最盛大的、最宏偉的、最崇高的，同時又最令人悲哀的形象。在那血腥的年代，這座宏大角鬥場那巨大的、充滿強勁生命力的形象，沒有感動過任何人。現在成了廢墟，卻能感動每一個看到它的人。感謝上帝：它成了廢墟！」

威尼斯廣場與羅馬競技場所在的廣場之間，以一條寬闊的帝國廣場大道（Via dei Fori Imperiali）相連接，寬三十五米，長八百五十米，占地三萬平方米。當我漫步在這條貫穿古今的大道上，恍惚有種穿梭時空的感覺，重返曾經稱霸歐、亞，盛極一時的古羅馬帝國時期。這條大道是由墨索里尼所修築，由於兩側盡是古羅馬帝國的宮殿、神廟遺址，當時這位獨裁者不顧一切反對，在一九二四年大興土木，歷時八年，其間許多古蹟文物在沒有良好保護的情況下遭到摧毀，包括五座教堂和多處遺蹟，還強行搬遷了七百多戶居民。建成後，爲了彰顯他的「英明偉大」，每年就在這條大道上舉行閱兵儀式，然而原本壯觀且珍貴的古羅馬歷史遺蹟卻被破壞得體無完膚，付出的代價竟是如此沉重。

漫步七丘之城

羅馬除了被稱爲「永恆之城」，還有一個名字叫做「七丘之城」，因爲相傳羅馬城是從七座山丘上發展起來的，這七座山丘分別是奎里納爾山（Qurinale）、維米納萊山（Viminale）、埃斯奎里諾山（Esquilino）、齊利奧山（Celio）、阿文提諾山（Aventino）、帕拉蒂諾山（Palatino）和卡比托利歐山（Capitolino）。

根據傳說，有一對雙胞胎羅慕路斯（Romulus）和雷慕斯（Remus）是戰神瑪爾斯和一位女祭司的孩子，兩人被當時篡位的國王拋棄在野外，由母狼哺養長大。兄弟長大後推翻了國王，並打算建立新城市，羅慕路斯希望建於帕拉蒂諾山，雷慕斯則想建在阿文提諾山，經過一番鬥爭，羅慕路斯成爲贏家，在公元前七五三年四月二十一日建立了新城池，並以他自己的名字命名爲「羅馬」。雖爲傳說，但直到今天，這個日子依舊被視爲「永恆之城」的誕生日，每年的這一天，羅馬都會隆重慶祝「建城日」，不僅市內各大博物館免費向公眾開放，廣場也會舉行各式各樣的活動，人們以古羅馬的扮相遊行、表演，並舉辦一系列相關學術研討會，甚至持續數周，非常熱鬧。

↑卡比托利歐廣場，前方爲元老宮，右爲保守宮，左爲新宮

同時，爲了紀念建城者被母狼救下的恩情，並表達對古羅馬歷史的這份情感，母狼又被稱爲「羅馬之母」，「狼」也成了這座城市的圖騰與象徵。在羅馬隨處可見「母狼乳嬰」（She-wolf）的圖像，其中最具代表性的是卡比托利歐博物館（Musei Capitolini）裡展出的母狼青銅雕塑，張開嘴露出獠牙的母狼雕塑製作於公元前五世紀，後來藝術家又在母狼腹下做了兩個正在吮奶的嬰兒雕像，爲母狼賦予一份母愛的天性。

既然說到母狼雕像，不妨來參觀目前這項文物所在的卡比托利歐博物館。這座博物館堪稱世界上最古老的公共博物館，位於七丘之一的卡比托利歐山頂，由米開朗基羅在一五三六年規劃設計，經過四百多年的建造才全部完成。羅馬擁有眾多博物館，內容非常豐富，不過像巴黎羅浮宮那般大規模的卻很少，卡比托利歐博物館算是一個相對集中的大型博物館。

我登上了由米開朗基羅大師設計的科爾多納塔臺階（Cordonata），臺階頂端兩側各豎立一座巨型雕塑，刻畫的是神話中成爲雙子座的雙生兄弟卡斯托（Castor）和波路克斯（Pollux）。臺階通往開闊的卡比托利歐廣場，中央的青銅騎馬雕像是羅馬五賢帝時代的最後一位君主——馬可．奧勒留（Marcus Aurelius Antoninus Augustus，或譯爲馬可．奧理略，也是《後漢書》中的大秦王安敦），他是著名的《沉思錄》作者，後世公認的政治家、軍事家和哲學家。

卡比托利歐廣場被三座建築物圍繞，臺階正對的是元老宮（Palazzo Senatorio），現在是羅馬市政府的駐地；左右兩側爲保守宮（Palazzo dei Conservatori）和新宮（Palazzo Nuovo），都屬於卡比托利歐博物館，兩座建築之間有條地下長廊相連。保守宮內收藏大量當地發現的考古成果和古羅馬雕塑。上面提到的「母狼乳嬰」青銅雕像原件就收藏在宮內一個專門的展廳，可稱得上是鎮館之寶。二樓的凱旋廳（Sala dei Trionfi）裡面有一座著名的「拔刺者」（Spinario）青銅像，是一位坐著的男孩正在拔去腳上的木刺，約爲公元前一世紀的作品，造型唯妙唯肖，幾乎跟「母狼」塑像齊名。

新宮與保守宮的外觀設計相似，館藏中，幾尊雕像如「垂死的高盧人」、「丘比特和賽琪」以及「卡比托利歐的維納斯」等，都讓人大開眼界，最受旅客歡迎。此外，古羅馬文物、塑像、壁畫、油畫，以及地上的鑲嵌畫等藏品也都非常精彩，讓人看得眼花撩亂，切勿走寶（粵語：看走眼或錯失寶貝的意思）。兩千多年的羅馬歲月彷彿濃縮在博物館中，璀璨的歷史和豐富的文化藝術是羅馬留給人類文明的偉大遺產。

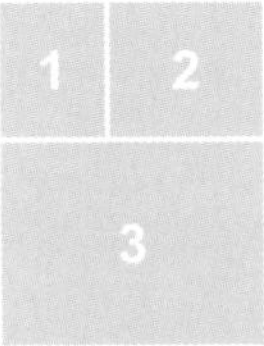

1 廣場中央的馬可·奧里略騎馬雕像複製品

2 元老宮旁母狼乳嬰青銅雕像複製品

3 通往卡比托利歐廣場的科爾多納塔臺階

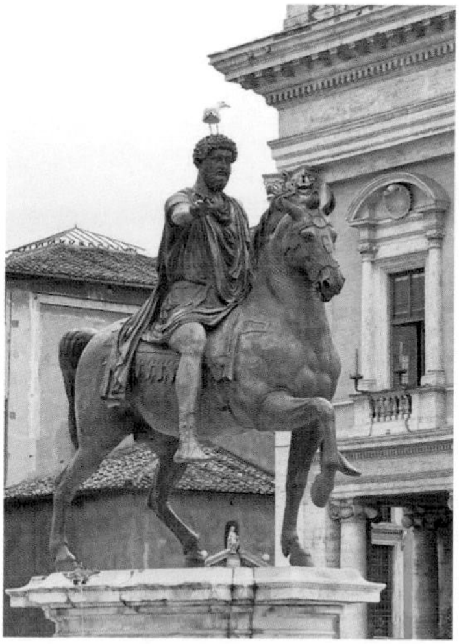

另外還有一座卡法雷利—克萊門蒂諾宮（Palazzo Caffarelli-Clementino）也在二十世紀成爲博物館的一部分，這座建築位於保守宮後面，兩者相連的部分原本爲羅馬花園遺址，現在改建爲圓形展廳。卡比托利歐廣場中央的馬可．奧勒留騎馬雕像也是複製品，原件放在這間展廳內。

受限於疫情，如今參觀需要預約，且限制人流。建議若要來此參觀，務必安排最少半天或一天時間，才能盡情欣賞裡面的珍品。由於過去曾經參觀過，我這次來訪，便將更多時間用來探索其他地方。

↑科斯梅丁聖母教堂外觀與內部

科爾多納塔臺階旁有另一條階梯通往阿拉科埃利聖母教堂（Basilica di Santa Maria in Aracoeli，或譯爲天壇聖母堂），一百二十二級石階梯頗爲陡峭，登上教堂需要花一點體力才能到達。聽說這條階梯是當地人爲了感謝上天，使他們避過了一三四六年肆虐的鼠疫而修建。聖母教堂的一側是新宮，另一側就是上面提過的威尼斯廣場埃馬努埃萊二世紀念堂。

大家如果看過電影《羅馬假期》（Roman Holiday），對「眞理之口」（Bocca della Verità）應該有很深的印象。這塊雕刻了人臉的圓形石碑放置在科斯梅丁聖母教堂（Basilica di Santa Maria in Cosmedin，或稱希臘聖母堂）的大門入口處。我的旅伴 Brenda 稱它爲世界上最古老的「測謊機」，大抵是因爲電影其中一幕情節有感而發吧！傳聞把手伸入圓形石雕的嘴裡，如果不講眞話，它就會把手咬斷。事實上石雕與撒謊根本沒有關係，它原是古羅馬噴泉的一塊石蓋，透過電影的宣傳，吸引旅客排著隊伸手進去，檢驗一下自己到底是不是口是心非的人。經過「測謊」後，我們順便走進建於六世紀的拜占庭風格教堂，參觀精美的祭壇和大理石的唱詩班席位等，外面於十二世紀增建的羅馬式鐘樓至今仍然是古羅馬城內最高的一座。

1 勝利者海克力斯神廟

2 眞理之口

鐘樓對面一座外觀古樸的圓形小教堂，直徑約十五米，由二十根科林斯式圓柱圍繞，形狀非常別緻。可不要小覷它，這座公元前二世紀的建築是羅馬最古老的大理石建築，最初是獻給羅馬神話中的大力士海克力斯，所以稱爲勝利者海克力斯神廟（Tempio di Ercole Vincitore）。如果是一般隨團旅客，大多會忽略這座來頭不少的教堂。

距離眞理之口不遠，有個大競技場（Circo Massimo），又稱爲馬克西穆斯競技場，在古代是提供貴族觀看四馬雙輪戰車競技，廣大的場地長六百二十一米，寬一百一十八米，形狀猶如當今的田徑運動場。然而觀衆台殘留的部分極少，僅存殘垣敗瓦，看起來就足一片大空地。

再遠一點的卡拉卡拉浴場（Terme di Caracalla）建於公元三世紀，保存得較完整，從復原圖可知，當年是以五彩斑斕的大理石裝飾，鑲嵌著漂亮壁畫的大浴場，占地廣大，設備齊全。如今雖已變成了廢墟，仍可讓人感受到浴場過去的豪華與盛況。

1 從競技場望向帕拉蒂諾山的古羅馬遺跡

2 馬克西穆斯競技場目前僅存少許遺跡

我的羅馬假期

很多人會因為一部電影而喜歡上一座陌生的城市，羅馬就是這樣的存在。在很多從未去過羅馬的人們眼中，羅馬是《羅馬假期》裡的羅馬，是公主邂逅紳士的浪漫之城，也是永存記憶裡的美麗城市。儘管羅馬擁有很多的標籤，「永恆之城」也好，「萬城之城」也罷，都不及「羅馬假期」的吸引力，奧黛麗・赫本和格裡高利・派克（Gregory Peck，葛雷哥萊・畢克）是羅馬的最佳代言人。

↓《羅馬假期》電影劇照

電影中，安妮公主出逃大使館後經過的第一個場所是共和國廣場（Piazza della Repubblica），也被羅馬人稱爲「艾賽德拉」（Piazza Esedra），意爲半圓形廣場。這個廣場緊鄰羅馬中央火車站，中間是一座仙女噴泉，廣場本身沒有太多的看點，它旁邊是著名的天使與殉教者聖母大殿（Santa Maria degli Angeli e dei Martiri），前身爲古羅馬最大的公共浴場，一千多年後米開朗基羅接受當時教皇的委託，在殘存的建築上興建了現在的聖殿，入口就建在浴場的斷壁殘垣上，看起來頗爲簡陋，內部卻大有乾坤。追隨安妮公主腳步而來的朋友們，不妨進去好好參觀一番。

公主在出逃當晚昏睡的地方，也是跟男主相遇之地，正是古羅馬廢墟（Forum Romanum，或稱爲古羅馬廣場）——昔日古羅馬帝國的中心。它位於競技場旁邊，七丘的卡比托利歐山和帕拉蒂諾山之間。這片廢墟如今到處是坍塌的圍牆，殘破的瓦礫，滿眼荒草斷階，但依稀可看出當年的繁盛。在這兒給大家一個建議：在羅馬有太多的遺址廢墟，這些都是活的歷史，是需要用雙腳一步步走過的。

1

2

2

1 共和國廣場仙女噴泉

2 古羅馬廣場

↑君士坦丁凱旋門

值得一提的是，羅馬城中僅有三座最典型的凱旋門保留了下來，這個廢墟的入口處的提圖斯凱旋門，是其中最古老的一座（另外兩座是塞維魯凱旋門和君士坦丁凱旋門），看了它才知道原來享譽世界的巴黎凱旋門不過是它眾多追隨的小弟之一。

派克飾演的記者喬把安妮公主帶回了自己的寓所，正式開始了他們的羅馬假期。因影片成就了馬格塔街51號（Via Margutta 51），它就這樣被記錄在影史中。這是一條安靜的小巷，兩邊的房屋已顯得破舊，牆上留下了

个馬格塔街 51 號入口處

斑斑駁駁的痕跡。這天我們來到時，剛巧遇上了修葺，大伙探頭往庭院內看去，發現登上二樓的樓梯已封閉，未能前往影片中記者的「住所」。這個記者的蝸居之地相較《羅馬假期》裡其它人聲喧嘩的景點，顯得有些寂靜。再想到斯人已逝，不免有些唏噓。但這裡是羅馬市井生活的一個剪影，值得順道一探。這條並不寬敞的街道曾還聚集過不少名人墨客，義大利的知名導演費里尼（Federico Fellini）就曾住在這條街的另一端。窄窄的街道留下他們的足跡，充斥著文藝氣息。

安妮公主在羅馬開啟了一日自由行，第一件事就是在街邊的理髮店剪掉長髮，自此在髮型史上創造了一個永恆的經典——赫本頭。昔日的理髮店如今是賣起時尚皮包的精品店，而旁邊就是特雷維噴泉（Fontana di Trevi），它的另一個名字更廣爲人知——羅馬許願池。特雷維這名稱源於這裡爲三叉路口（Trevi），噴泉被視爲羅馬最後一件巴洛克晚期傑作，是十八世紀建築師尼古拉．沙維（Nicola Salvi）的作品。噴泉以規模龐大的礁石爲基座，中央是駕馭戰車的海神，左右兩側分別爲代表「富裕」和「健康」的女神雕像。公元前十九年，羅馬奧古斯都皇帝在位期間，修築了一條長約二十公里的水道橋，將水引入城內提供用水需求。當時爲了尋找水源，幾經周折，後來由一位少女引領著士兵們找到了泉眼，這段歷史被記錄在女神雕像上方的浮雕，而特雷維噴泉的位置就是那條水道橋管線的終點。

因爲一九五四年的電影《羅馬之戀》（Three Coins in the Fountain），特雷維噴泉變成萬千遊客祈求幸福的浪漫之地，幾乎所有來羅馬的遊客都要在這裡背對著噴泉和後面彷彿凱旋門的波利宮（Palazzo Poli）投幣許願，也算是當地政府的隱形財源。每逢夜色降臨，噴泉亮起燈光，周圍更多了一分迷人的色彩。

1
2

1 特雷維噴泉與後方的波利宮

2 各國遊客喜歡在許願池前留下合影

1 西班牙廣場上的破船噴泉，後方爲西班牙階梯與山上聖三一教堂

2 從西班牙階梯上方往下俯瞰西班牙廣場

3 西班牙廣場上的聖母無染原罪柱

公主和記者「無意間」重逢於西班牙廣場（Piazza di Spagna），也是一張耳熟能詳的羅馬名片，現在這一區域成了高檔品牌店雲集之地，人流特別多。廣場上最有名的莫過於扇形的西班牙階梯（Scalinata di Trinità dei Monti），總共有一百三十五階。疫情前幾乎每一級臺階上都坐了人，不管是旅客還是當地人，都喜歡坐在臺階上吃著霜淇淋，模仿電影中經典片段，彷彿自己也是那個自由愜意的安妮公主。但現在據說出於衛生問題嚴重，已經禁止在臺階上吃霜淇淋了。西班牙廣場完工於十八世紀，因階梯旁一座西班牙駐教廷大使館而得名。階梯上面是山上聖三一教堂（Chiesa della Santissima Trinità dei Monti），我們站在觀景台上端往下看，滿滿都是旅客的熱鬧場面讓我們看得著了迷。階梯下方除了典雅的建築外，還有一座破船噴泉（Fontana della Barcaccia），旅客們都圍在「破船」邊瘋狂打卡，非常熱鬧。

記者喬帶著公主去了羅馬競技場第三層的看臺，看著這個曾經輝煌無比的古羅馬遺址，兩個人都沒有說話。如同中國的萬里長城，競技場始終是羅馬的標誌性建築。長城是無數中國勞動人民的血汗和智慧凝結成的，競技場也是古羅馬人民的血腥之地。電影中的兩位主人公在它面前沒有一句臺詞，想必心中也是百感交集。競技場的震撼與帶給我的觀感，已在前文記錄過，在此就不再贅述。

從競技場出來後，喬騎摩托車載著公主穿過威尼斯廣場，來到了科斯梅丁聖母教堂的「眞理之口」。隨著電影風靡全球，很多遊客來此花費大量的時間排隊，只爲了把手伸進去這個最有名的「測謊機」拍張照，然後再伸出來，大理石面具的嘴巴也因此被摸得光滑無比。至於教堂，遊客大概是無心賞遊了。

差點忘了，公主和喬一同喝咖啡的羅卡咖啡館（G. Rocca）就位於萬神殿（Pantheon）的旁邊，咖啡館早已不在，被商場取而代之，但萬神殿可不能錯過。這裡是羅馬諸神的神廟和基督教的教堂，在古羅馬帝國時期的建築裡，是保存得最爲完好的其中一座。它始建於公元前二七至二五年，公元八〇年時被一場大火燒毀，今天看到的是在公元一二五年經哈德良皇帝重修。在那個年代，是供奉和讓民衆膜拜古希臘奧林匹斯山上衆神的殿堂。近兩千年的歲月過去，萬神殿仍然屹立不倒，維持原狀，被譽爲「羅馬奇觀」，米開朗基羅更稱之爲「天使的設計」。建築師採用許多創新手法，重室內而輕外觀，外觀只是一個圓柱形建築前方加上一般的希臘式山牆和八根巨柱組成的門廊，室內裝飾更加細緻，用圓形大殿代替長方形殿堂，又以彩色大理石點綴，使它更具藝術性。最令人讚嘆的是它的穹頂，穹頂內有五層內凹鑲嵌花格，中央有一個開口，這是神殿唯一的採光源，陽光從孔洞中自然灑落，萬丈光芒從天而降，照亮整個大殿，平添一份神聖莊嚴。隨著太陽移動，光線也緩緩挪移，牆上的裝飾、甚至地板都會輪番照到。更奇妙的是下雨天時，雨水穿過穹頂的開口落下，地板上卻不會出現水浸（淹水），可見排水系統的完善。萬神殿的圓穹直徑和高度都是四十三點三米，從建築史來說，是世界上最大的無鋼筋混凝土穹頂，整體重量爲4,535噸，古人究竟是如何製作如此重量的穹頂，安然無恙渡過了歷史的滾滾長河，未曾坍塌，實在令人費解！

殿中還有幾位名人之墓，包括義大利統一後的第一任國王維托里奧·埃馬努埃萊二世，其中最出名的是文藝復興三傑之一的拉斐爾（Raffaello Sanzio），在他的棺墓上寫著這樣的墓誌銘：「你活著，大自然黯然失色；你逝去，這世界悲痛欲絕。」

關於這座建築，值得稱道的地方實在是太多了，豈是三言兩語說得完的。

M·AGRIPPA·L·F·COS·TERTIVM·FECIT

CLEMENS XI
PONT·MAX·
FONTIS ET FORI
ORNAMENTO
ANNO SAL
MDCCXI
PONTIF·XI

但瞭解得越多，越令人忍不住驚嘆與佩服古羅馬的文明，以及古羅馬人的智慧。

安妮公主遊歷的最後一站是聖天使城堡（Castel Sant'Angelo），位於台伯河畔。她與記者在這裡參加了一場舞會，並在台伯河岸一吻定情。戲中人早已曲終人散，看戲的卻久久不願離去。以至於多年過去，人們提到羅馬，首先想到的總是赫本的安妮公主，還有永遠的紳士派克。

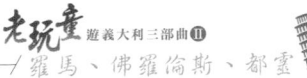

1 維托里奧・埃馬努埃萊二世墓
2 萬神殿外觀
3 穹頂中央有一個開口，是萬神殿唯一的採光源
4 萬神殿前廣場上的方尖碑
5 萬神殿內的小禮拜堂

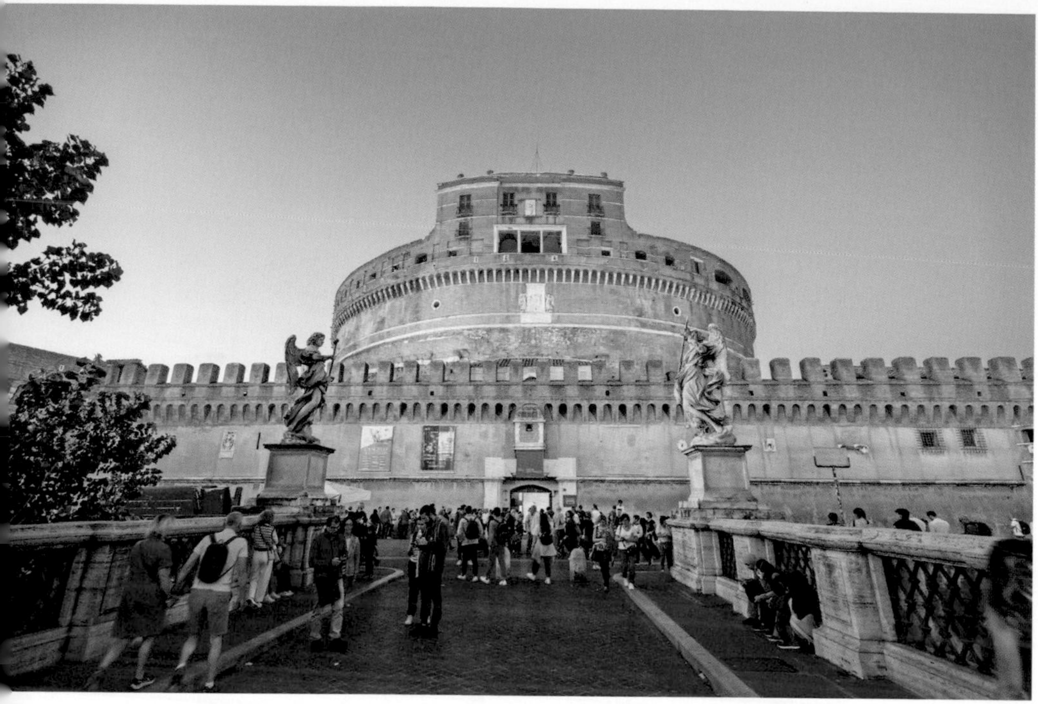

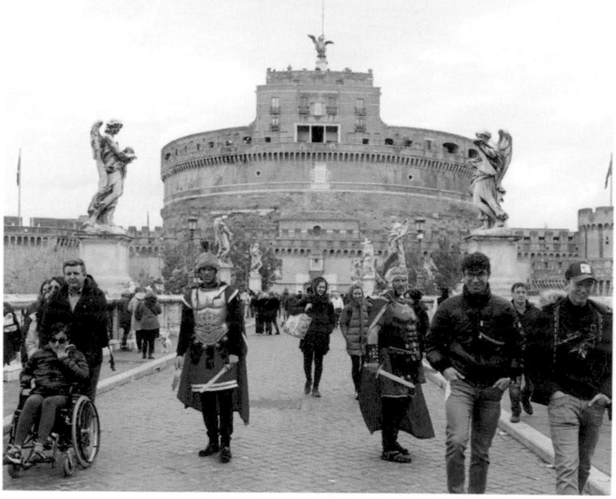

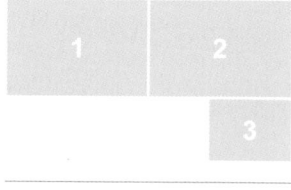

1 城堡前的聖天使橋

2 夜晚亮燈的聖天使城堡

3 城堡前扮成古羅馬士兵的人

聖天使城堡頂端豎立一座巨形的天使銅像，它建於公元二世紀，最初是作爲羅馬皇帝哈德良的陵墓之用，其後也當作軍事要塞、監獄和教皇宮殿等，現在則成爲一間博物館。公元六世紀，教皇巡遊經過這裡，見到聖米迦勒天使顯靈，城堡因而得名。傳說梵蒂岡和城堡之間，還有一條地下通道相連，方便教皇往返於兩處。若然登上城堡，可直視街道另一方的梵蒂岡聖彼得大教堂，視野極佳。除此之外，這裡還是著名歌劇《托斯卡》第三幕的場景所在！

公主返回大使館後，舉行了記者會，在會中與記者四目交投，

↑ 科隆納畫廊的大廳

鑒於宮廷禮儀，未能親密擁抱，只能深情款款地握手，再從攝影師手上拿回一日假期的照片，兩人就此道別。這座裝飾金碧輝煌的大使館，就是著名的科隆納宮（Palazzo Colonna）。

科隆納宮是羅馬最古老、最大的私人宮殿之一，位在市中心的宗徒廣場上，與十二宗徒聖殿爲鄰。從十四世紀開始，屬於科隆納家族這個名門望族，已經超過二十代。後來家族中的奧托內·科隆納樞機成爲教皇馬丁五世，科隆納宮成爲教皇宮殿。經過幾個世紀的修葺裝飾，尤其是十七世紀後，原來簡樸的宮

↑科隆納宮杜蓋廳

殿改裝成豪華的巴洛克式宮殿，除了主樓建築外，還有翼樓。宮內的科隆納畫廊（Colonna Gallery）是羅馬最大的私人藝術藏館之一，風景廳（Hall of Landscapes）、馬丁五世登神殿（Hall of the Apotheosis of Martino V，或譯爲馬爾蒂諾五世讚頌廳）等等，陳列了畫作和藝術品，種類數量繁多，讓人目不暇給。如此無與倫比的宮殿博物館，若未曾到訪，恐怕會終生遺憾。不僅如此，在我去過的羅馬衆博物館中，它的旅客最少，館內也提供多種語言的導覽，我在這兒擁有相當不錯的參觀體驗。

↑ 風景大廳的寶物櫃，台座下的人物雕刻是土耳其奴隸

儘管《羅馬假期》只呈現了極少部分的羅馬景點，卻已讓世人感嘆於她的精彩和無窮魅力。其實單是漫步在羅馬街頭，就能體會到歷史的醇厚，帶給這座城市的底蘊。即便古羅馬帝國的輝煌已成過去，流傳下來的藝術和文化卻是日久彌新、生生不息。文明不老，建築還在，羅馬始終是那座「永恆之城」。你可以不去法國的巴黎、德國的科隆、英國的倫敦，但一定不能錯過義大利的羅馬。

一眼望三國

二〇二二年，北京中軸線被列入《中國世界文化遺產預備名單》，並在二〇一八年確認中軸線上的十四處遺產點，力爭在二〇三〇年基本達到申遺要求，確保到二〇三五年內實現申遺的目標。其實在古代的城市中並沒有「軸線」這個直接的建設理論，但縱觀東、西方古城在實際的建築規畫裡，軸線是明顯存在的，並且都被視爲是彰顯帝國秩序以及帝王至尊的重要特徵，幾乎每一座偉大的城市都有一條獨一無二的中軸線。

羅馬就有這樣一條黃金中軸線——科爾索大道（Via del Corso），在古代稱 Via Lata，它是縱貫羅馬古城中心區的一條主要街道，呈南北走向，北端始自羅馬人民廣場（Piazza del Popolo），南端終點爲威尼斯廣場，全長一點五公里。街道上雖沒有較爲重要的名勝古蹟，卻古意盎然、風情萬種，而在它兩側周邊地段，卻集中衆多的古羅馬遺蹟，包括和平祭壇、萬神殿、西班牙階梯、特萊維噴泉、維托里奧・埃馬努埃萊二世紀念堂和古羅馬廣場等。科爾索大道擁有兩千多年的歷史，北京的中軸線與之相比，也要尊稱一聲「老前輩」了。雖然羅馬中軸線並未列入「世遺」內，但我看來，該是當之無愧的「無冕之王」。

↑聖山聖母堂（左）和靈跡聖母堂（右），兩者中央爲科爾索大道

儘管這條道路比羅馬市中心大部分街道要寬闊，但只開闢了兩線車道，兩邊則是狹窄的人行道。距離我一九八〇年第一次到訪，四十多年過去了，一切依舊是老樣子，只是疫情後變得更爲乾淨。不同於中國很多城市「一年一個樣，三年大變樣」，它始終是古羅馬歷史上那條中軸線。

題外話，在羅馬衆多景點經常可以看到四處巡邏的員警，一身藍色警服搭配腰間的白色武裝帶，頭上一頂大檐帽，威嚴不失風度，經常是遊客拍攝的對象。我有時遇見他們，也會上前詢問是否可以來張合照，得到的都是友善回應，甚至還會大方地擺出

↑人民廣場一側的海神噴泉

個漂亮pose，非常配合，親和力十足，此舉讓旅客不期然對這座城市加深了好感。

在羅馬古城中隱藏著一個「一眼望三國」的冷門景點，位於眞理之口和競技場附近幾百米距離的小山丘上，不過現在知道的人已經愈來愈多。大家都知道羅馬城內的「城中之國」梵蒂岡，卻鮮少知道還有一個在地圖上找不到的國家——馬爾他騎士團（Sovereign Military Order of Malta，縮寫為S.M.O.M.）。它只有主權卻沒有領土，即使已經與世界上超過一百個國家建立邦交，直到現在依然有很多國家不承認她的地位。

↑一眼望三國

「一眼望三國」景點就位於馬爾他騎士團的義大利大使館（又稱爲馬爾他騎士團長別墅 Villa del Priorato di Malta）所在地，確切地說，這景點是別墅的大門鑰匙孔（Il Buco della Serratura）。透過這個鑰匙孔，剛好能望見兩公里外的梵蒂岡聖彼得大教堂圓頂，近處馬爾他騎士團長別墅庭院裡鬱鬱蔥蔥的園林景致，猶如一幅美麗的風景畫，以及處在兩者之間的羅馬城區。這一眼就能同時看見義大利、梵蒂岡和馬爾他騎士團三個國家，是不是很神奇？不知道是哪位朋友第一個發現這道富有情調的風景線，我只能說一聲佩服！

最小的主權國家：梵蒂岡

「一眼望三國」之後，我轉身來到了全球基督徒朝思暮想的朝聖地——梵蒂岡城國（Stati della Citta del Vaticano）。她是全球三個最小主權國家之一，領土只有四十四公頃，比臺北中正紀念堂園區的兩倍還小一些，只有北京故宮的五分之三那麼大，人口也不過六百多人，不過卻是占世界人口三分之一、約二十三億基督徒的宗教聖地。她所在的地方就在羅馬城內，是「國中之國」，而我認為將她稱為「城中之國」更加貼切。不可不知，義大利與梵蒂岡之間同樣有國界之分，它是一條標誌在地上的白石地界和鐵欄杆，設置在聖彼得廣場（Piazza San Pietro，又稱聖伯多祿廣場）和相連的庇護十二世廣場（Piazza Papa Pio XII）之間。

除了教徒的聖地外，這裡亦是世界各地旅客不容錯過的景點。每逢教皇主持周日的禮拜，或是教徒慶祝重大宗教節日時，偌大的聖彼得廣場總是人山人

个梵蒂岡與義大利國界

海，擠得水洩不通。對我而言，梵蒂岡城國一點也不陌生，單是疫情爆發後的兩年多時間，我就到過三次。疫情嚴重時，廣場遊人稀疏；疫情舒緩時，遊人馬上增加。廣場變成一個可以觀察了解疫情起伏的指標。這期間，不管是否爲教徒，大家普遍都抱持一個共同的心願，祈求全球疫情早日消失，也爲家人和朋友祈福。也由於這段期間人潮有限，不太擁擠，讓我有機會將過去未能好好遊賞的地方補上。

个協和大道

氣勢非凡的天國之鑰

羅馬城中，一條華直且繁忙的協和大道（Via della Conciliazione）一端連接著聖天使城堡，另一端就是龐大而寬闊的聖彼得廣場，廣場後面爲教徒們的宗教聖地——聖彼得大教堂（Basilica di San Pietro in Vaticano，又稱聖伯多祿大殿）。這個宗教聖地對外開放了三處給旅客參觀，分別是聖彼得廣場、聖彼得大教堂和博物館，其餘皆列爲禁區，例如屬於主教們的住所、花園，以及教廷的行政辦公室等，都禁止旅客進入。

我先講講教堂前面這座能容納逾五十萬（這個數字很有爭議，有一說是三十萬）人的聖彼得廣場，它宛如大教堂的前廳，始建於一六五六年，是當時的教皇亞歷山大七世（Alexandro VII）爲提供更大的空間容納教衆朝聖而建。廣場長三百二十米、寬兩百四十米，兩側由兩組氣勢宏偉的弧形大理石長柱廊環抱，柱子各爲四列，

1 聖彼得廣場及大教堂

2 站在柱廊中心圓盤上望向最近的柱廊，會發現四列石柱居然只能看到第一列

3 聖彼得廣場上的西風浮雕，又叫上帝的呼息 Respiro di Dio

總共有兩百八十四根圓柱和八十八根方柱，採用的是比較簡約的多立克柱式，如此一來便不會搶走大教堂立面精緻柱子的風采。長廊頂部有一百四十個教會史上有名的聖徒雕像，儘管大部分我都不認識，然而形態各個栩栩如生，非常生動。

這個廣場是由著名的義大利巴洛克建築大師貝爾尼尼（Gian Lorenzo Bernini）親自設計和監工建造，根據設計師自己的說法，聖彼得大教堂如頭部，兩組列柱長廊則象徵兩隻手臂，不僅環抱信徒，好讓他們的信仰更加堅定，也包容所有不同信仰的人，讓他們重認眞理的曙光。

不僅如此，廣場平面呈現完美的橫向橢圓形和縱向梯形的組合，從空中鳥瞰，形狀如一個鑰匙孔，有十二門徒之首聖彼得掌管的「天國之鑰」之寓意。由上俯視，更讓人感到整個廣場宏大無比，氣勢非凡，不由自主心生敬畏。

廣場中心矗立著一根大有來頭的方尖碑，公元三七年，羅馬皇帝卡利古拉（Caligula）為了裝飾競技場（卽後來的尼祿競技場），於是下令將這座方尖碑運出埃及（當時是羅馬帝國行省）的赫里奧波里斯（Heliopolis），再經亞歷山大港遷移至羅馬。這根紅色花崗岩的尖碑高二十五點五米，底部單邊長五

1 從聖彼得大教堂頂端俯瞰聖彼得廣場

2 廣場上的方尖碑

米，重三百二十噸，傳說為了這次搬移，竟然動用了九百多名奴隸、一百五十四馬和四十七台起重裝置，共花了近五個月時間才完成搬運工程。到了一五八六年，當時的教皇思道五世（Sixtus P.P.V，或譯為西斯篤五世）才將它再遷移至廣場中央。聽導遊講述，這是羅馬唯一一根從未倒塌過的方尖碑，真正見證了羅馬的興衰歷史。

傳說過去方尖碑頂部曾有一個鍍金的圓球，裡面藏著凱撒大帝的骨灰，如今則改為一個青銅十字架，據說十字架中保存有當年耶穌殉難時的十字架碎片。玫塊紅色的花崗岩尖碑上還刻有「基督勝利，基督為王，基督統萬邦」的字句，底座的四角各有一隻青銅獅子，為方尖碑增添威嚴和美感。

橢圓形的廣場左右兩側各有一座對稱性、高

十四米的噴泉，與方尖碑一樣，都是遊人熱門打卡的地方。我聽當地的僑領介紹過，兩座活泉並非全出於貝爾尼尼一人之手，面對教堂的右側是較早的一座，原來是另一位雕塑家卡洛・馬代爾諾（Carlo Maderno）在一六一四年所建的作品。左側那座才是廣場設計師貝爾尼尼在一六七五年加建的，可以說是補建的「A貨」。兩座雕刻華美而複雜的噴泉爲廣場增添魅力，等到晚上，當廣場亮起燈光時，將噴泉照耀得更具輝煌氣勢。

在方尖碑與兩個噴泉之間的地面上，各有一個刻著「柱廊中心」（Centro del Colonnato）的石質小圓盤，如果站在圓盤上，望向最近的柱廊，會發現原來看起來互相交錯的四列石柱居然只能看到第一列，貝爾尼尼絕妙的設計造成這種「四柱如一」的奇觀，高超技藝讓人折服。

從廣場進入大教堂需先經過一座皇家臺階，臺階左右兩側分別爲聖彼得和聖保羅兩座塑像，左邊的聖彼得手執一把開啟天堂之門的鑰匙，而右邊則是持劍的聖保羅。我個人沒有宗教信仰，對於這兩位基督教聖人的故事並沒有進一步的深究。

接下來，就請朋友們跟我一起同遊聖彼得教堂和博物館，follow me！

梵蒂岡鎮國之寶

「城中之國」梵蒂岡雖然範圍不大，卻擁有舉世聞名的鎮國之寶——梵蒂岡博物館（Musei Vaticani）。它在公元五世紀已有雛形，是世界上最早的博物館之一，十六世紀時，博物館與前面的聖彼得大教堂一起擴建，它的面積雖然不到北京故宮博物院的三分之二，不過展出的面積卻與故宮相若，裡面的藏品豐富，足可媲美倫敦大英博物館和巴黎羅浮宮，在世界上享有極高的地位。

這座博物館每年接待來自世界各地的旅客不計其數，據導遊介紹，近年參觀人數已追上羅馬競技場，是旅客指定的熱點之一。因此，若要參觀博物館，最好預購門票和預約入館時間，否則會浪費不少時間排隊輪候，以致未有足夠的時間盡情欣賞館內瑰寶。別忘了，每天只有一萬兩千個入場名額，千萬記得提早預約。

二〇二三年初春，我與旅伴再度重遊，這次我們事前做好準備，訂購門票並預約好時間，又約得一位移居羅馬的資深臺籍導遊。當日大伙清晨即出發，直抵博物館大門，大門上方「Musei Vaticani」文字相當顯眼。記得十年前第一次入館參觀時，我就被入口大堂一座旋轉樓梯所深深吸引，它的設計可說是

个梵蒂岡全國模型

實用與藝術兩者的完美結合。這趟前來，我發覺入口大堂經過改建，擴大了接待的面積，空間更爲充裕。大堂一隅放置一座巨型的梵蒂岡全國模型，讓旅客對它有一個初步的認識。不過令我震撼不已、記憶猶新的旋轉樓梯卻不知去向。經過導遊說明，我這才知道那條彷彿長蛇盤起來的旋轉樓梯並未遷移，只是爲了應付旅客的增加，改裝接待大堂，把原來的入口搬遷了位置，才讓我有種樓梯不在原位的錯覺。若是那些不知底蘊的旅客，極有可能會錯過這條旋轉樓梯。

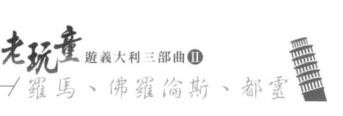

旋轉樓梯總共有兩個版本，最初由設計師多納托·布拉曼特（Donato Bramante）在一五〇五年設計，其特別之處在於以旋轉坡道取代一般的階梯，並且改成雙向的迴旋梯。這座旋轉樓梯並沒有開放給公衆參觀使用，如今我們

↑布拉曼特樓梯

眼前的樓梯是一九三二年由朱塞佩．莫莫（Giuseppe Momo）所設計，因爲靈感來自於前一座，所以同樣被稱爲「布拉曼特樓梯」。旋轉樓梯的兩側牆壁爲大理石材質，扶手爲青銅製，外側刻有浮雕。由下方仰望，可見到天井的頂端由多塊透光彩繪玻璃組成的八角形天窗，猶如一隻「天眼」，設計得相當別緻。這時博物館剛剛開放，旅客不多，我們於是把握時機來到「蛇形樓梯」，自上而下，又由下而上，多角度拍照打卡，效果令大家都非常滿意。不過這種旋轉設計看久了，眞有種頭暈目眩之感。

个加拉蒙蒂博物館雕像長廊

梵蒂岡博物館本身由多個建築組成，規模龐大，是眾多出色建築師的心血結晶，原本曾是教皇宮殿的一部分，內部裝飾華麗堂皇、耀眼奪目。堪稱文藝復興、巴洛克藝術與基督教的互相結合，是名副其實的藝術饗餮盛宴。據導遊初步介紹，博物館共有十五個大型陳列館、五條藝術長廊，附有屋頂的庭園等等，而且館中有室，互相連接，九曲十折，總計起來共有二十多個展館和展室。若要一次遊遍，逐一細賞藏品，恐怕非得花上兩、三天不可。我們這次只有半天時間，唯有披沙揀金，從中挑選精華部分來參觀。

與新擴建的接待大堂緊連的是松果庭院（Cortile della Pigna），是原本觀景台庭院的一部分，觀景台庭院本是博物館的巨大中庭，後來蓋起梵蒂岡圖書館，將中庭一分為二，其中一塊便是松果庭院，名稱來自庭園中一座古羅馬的巨型青銅松果雕塑。可以追溯到公元一世紀的青銅松果高四米，有象徵豐收之意。據考證，它原本位於萬神殿附近，松果內部安裝了水管，水可以噴至五米高，在約兩千年前的古羅馬年代，竟然有這樣高超的技術，實在令人讚嘆。松果雕塑的兩邊各件有一隻青銅孔雀雕像的複製品，原件是來自於羅馬皇帝哈德良陵墓，也就是聖天使城堡的裝飾品，具有皇室貴族的高貴氣息，如今展示於新翼館（Braccio Nuovo）內。

1 球中球

2 松果庭院因為青銅松果雕塑而得名

庭園中央放置了一座現代感十足的圓球藝術品，稱爲「球中球」，由兩個可以轉動的同心圓組成，是一九九〇年雕刻家阿納爾多・波莫多羅（Arnaldo Pomodoro）的作品。這項作品表達義大利人伽利略和波蘭人哥白尼（Copernicus）兩位科學家的人體學理論，含有「天球」和「地球」的意義。但同時它也招惹不少藝術家的非議，主要是它的現代感相較充滿歷史與古典氛圍的周遭環境，略顯突兀。

無論如何，金燦燦的圓球在晨光照耀下熠熠生煇，與一旁席地而坐野餐的旅客相映成趣。值得一提的是，整座博物館內，松果庭院是唯一一處可讓旅客野餐的地方。這種開放包容的思想，令我驚訝且感嘆。

我們按著順序參觀，來到了庇護—克里門提諾博物館（Museo Pio Clementino），裡面收藏許多希臘、羅馬的雕刻藝術品，讓人眼花撩亂。其中最受注目的是兩尊被置放在八角庭院（Cortile ottagonale）的大理石雕像，其中一尊爲公元二世紀的阿波羅神像（Apollo Belvedere），它一手下垂作持箭狀，另一手伸開作提弓狀，造型優雅。雕塑被發現時缺少了左手和右臂下方，如今見到的手臂是後人修復的，無改其活龍活現的生動形態，更被新古典主義者認爲是最完美的古代雕塑。

另一尊是公元一世紀的作品《拉奧孔與他的兒子》（Laocoon cum filiis）群雕石雕。相信大家都熟悉古希臘神話《木馬屠城記》，這尊石像就是描繪故事當中的一節：特洛伊祭司拉奧孔企圖說服特洛伊人不要將海灘上留下來的木馬拖進城內，雅典娜女神從海裡帶來兩條蟒蛇，把祭司和他的兒子們纏繞致死。雕像將人體結構及肌肉線條刻畫得淋漓盡致、栩栩如生，尤其人物與蛇纏鬥的痛苦和驚恐表情更是活靈活現、表露無遺。它被認爲希臘時期的巔峰之作，也是梵蒂岡博物館中非欣賞不可的曠世之作。所以在這尊石像前面，經常會聚集不少旅客，靜心聆聽導遊的講解。在義大利其他的城市博物館中，會發現類似雕塑的存在，它們都是複製品，在梵蒂岡博物館內的才是最原始的版本。

1 「拉奧孔與他的兒子」雕塑

2 「阿諾河河神」雕塑

3 前方是君士坦丁大帝女兒康斯坦提亞的石棺，地上爲智慧女神馬賽克拼貼畫

IVNO
IVLI
AVFIL
CARTHUL
SACRV

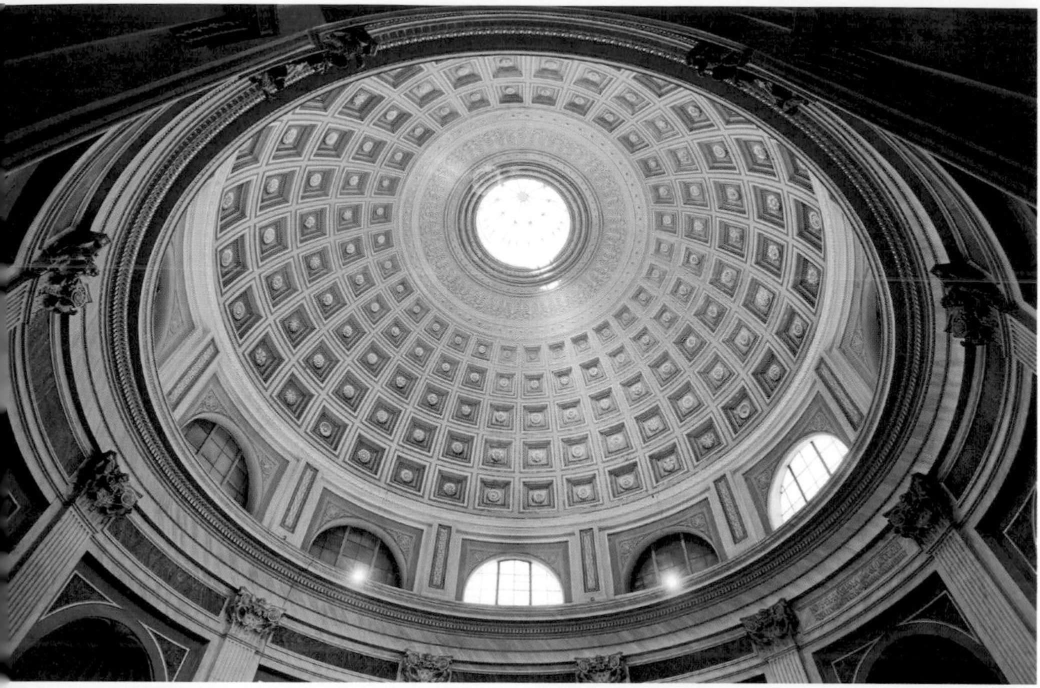

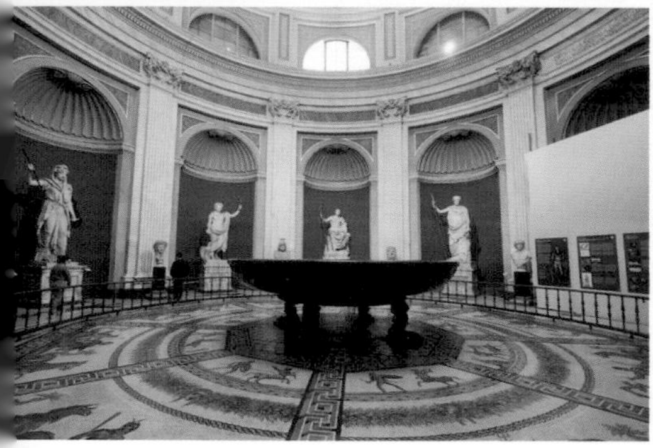

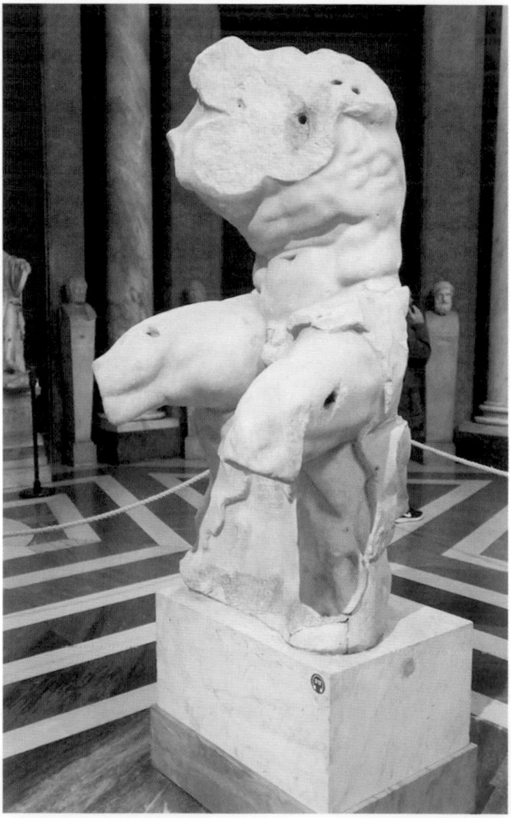

1 圓形大廳的穹頂是仿萬神殿的設計

2 圓形大廳中央的大理石圓盆傳說是羅馬皇帝尼祿的浴缸

3 「軀幹」雕像

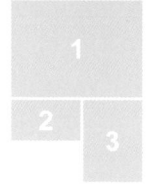

此外還有一尊巨形的《軀幹》（Belvedere Torso）大理石雕像，同樣受到導遊推介。這尊雕像上以希臘文刻有作者的名字，年代可以追溯到公元前一至二世紀。雕像是一名男性身軀的一部分，坐在一塊墊著獸皮的大石上，軀體寫實而細緻地描繪肌肉線條，體態完美，展現強而有力的藝術張力。關於這雕像的身分有多種說法，莫衷一是。據梵蒂岡博物館本身的看法，雕像是希臘神話中的大埃阿斯。傳說特洛伊戰爭中，希臘的第一勇士阿基里斯死後，希臘眾英雄爭奪阿基里斯的甲胄，最後大埃阿斯輸給了奧德修斯，憤而自盡。雕像描繪的就是大埃阿斯落敗後思索自殺的那一刻。聽導遊說，天才藝術家米開朗基羅對這作品非常著迷，創作上也深受影響。傳說教皇曾經請米開朗基羅將雕像缺少的部分補上，卻被他所拒絕，因爲他認爲這件作品十分完美，毋須改變。

我們繼續前往地圖畫廊（Galleria delle Carte Geografiche）參觀，裡面懸掛四十幅由地圖繪製畫家伊尼阿左・丹堤（Ignazio Danti）花了三年時間繪製的作品，詳細呈現出義大利版圖不斷擴張興旺的歷史。或許有人會認爲看地圖十分單調沉悶，然而長廊內如壁畫般的地圖色彩鮮豔，以金箔鑲邊，不僅用拉丁文標註城市名稱，就連經緯度也詳細標明，簡直就是一部義大利地理巨著，讓大伙看得津津有味。我們邊走邊看，旅伴 Brenda 不時指著地圖上的城市，憶述她遊覽參觀的經歷。另外，地圖畫廊天花板的浮雕裝飾華麗繁複、美輪美奐，千萬不要錯過！

之後我們穿過圖書館，見到展示內容從羊皮紙卷軸開始，逐漸演變成書冊。館內分為公共圖書室、珍本圖書室和教皇用圖書室等，擁有七萬五千本珍貴的手抄本，以及包含八千五百冊古版書在內的一百一十萬冊藏書，豐富而珍貴。

除此之外，還有專門收藏埃及古文物的埃及博物館（Museo Egizio），儘管藏品數量和規模無法與都靈的埃及博物館相比，但仍然具有研究古埃及文物的價值。藏品包括各類陶器、錢幣、塑像以及不少的木乃伊和棺木，而其中最珍貴的一件是從古埃及首都底比斯（Thebes）發掘出來的祭司棺木，棺蓋上繪有死者的肖像，木乃伊的保存狀態也相當完美，讓未曾到過都靈或埃及開羅博物館的旅客們熱個身，開開眼界。

後面我們還走到繪畫館（Pinacoteca），裡面全是油畫，主要是文藝復興時期的作品，大家可以盡情欣賞義大利名家拉斐爾、提香（提齊安諾・維伽略 Tiziano Vecelli）、波提切利（Butticelli）、達芬奇（Da Vinci，或譯為達文西），以及一些不知名畫家的作品，大多數都以宗教故事為題材，或許有宗教信仰的旅客對此會更有興趣。

↑ 地圖畫廊天花板的浮雕裝飾華麗

由於我們預訂的參觀時間有限，對琳琅滿目的繪畫館只能快速瀏覽、走馬觀花，以便趕往最著名的西斯汀禮拜堂（The Sistine Chapel），欣賞壓軸的巨幅壁畫《最後的審判》（The Last Judgement）。這個禮拜堂可是參觀梵蒂岡博物館時最後也最爲精彩的部分，並且是梵蒂岡最神聖的地方，每當紅衣教團要推選新的教皇時，都在這裡舉行，因此對於教徒來說，宗教地位更是崇高，我就見到不少人情不自禁地朝大殿祈禱行禮。禮拜堂裡面嚴禁拍攝，管理人員特別多，就是爲了防止旅客偷拍。

个往西斯汀小堂的樓梯拱頂

一踏入西斯汀禮拜堂，可以見到從天花板到牆壁全都繪上具有宗教色彩的繪畫，幾乎無一寸留下空白，非常瑰麗壯觀。禮拜堂的正面就是著名的《最後的審判》，由「文藝復興三傑」中的米開朗基羅所繪。不可不知，在他繪製天花板和正面壁畫之前，兩側的牆壁已由美第奇家族自掏腰包，邀請幾位佛羅倫斯最有分量的藝術家爲教廷作畫，參與的畫家包括貝魯吉諾（Perugino）、波提切利、羅塞里（Cosimc Rosselli）、吉蘭吉歐（Domenico Ghirlandaio）等，長長的畫卷上均是聖經《舊約》和《新約》的宗教故事。

直到教皇儒略二世（Pope Julius II）邀請米開朗基羅爲禮拜堂的穹頂繪上巨形《創世紀》壁畫，代替原來星光點點的穹頂。米開朗基羅從一五〇八到一五一二年花了四年時間，獨自一人在穹頂繪出《聖經》第一章《創世紀》中的九個故事場景，整整三百四十三位聖經人物。如此巨幅的畫作，即使我們從相距二十米的地板欣賞，都能看得一清二楚，分辨這些描繪的角色是「何方神聖」，和每個故事內容。有個詞彙叫做「窮人的聖經」（poor man's bible），指的是教堂內用藝術的形式，例如繪畫、雕刻、彩繪玻璃和馬賽克鑲嵌畫等，來教育、傳播基督教的知識，即使是不識字的窮人，也可以看懂聖經的故事和傳達的含意。這幅《創世紀》不僅是名符其實的窮人聖經，更是一部絕世的經典之作。

至於另一幅經典壁畫《最後的審判》占據了禮拜堂祭壇牆的整個牆面，以基督再臨、懲處邪惡、獎勵善良爲描繪題材。導遊說明《最後的審判》創作自一五三六到一五四一年，即《創世紀》完成的二十五年後，米開朗基羅再度受邀爲教廷創作，這也成爲他生命中最後的代表作。這幅壁畫的色彩比《創世紀》還多一些，畫面以位於中央的耶穌作爲天堂和地獄、善良和邪惡的分界，祂的周圍被天使、門徒與聖人包圍，正下方有八個吹號角的天使，正在喚醒死者，宣布末日審判的開始；畫面左邊是被耶穌從地獄解救出來的人，不管他們身後是否有魔鬼拉扯，都無法阻攔他們升往天堂；至於畫面右邊則恰恰相反，是一群犯罪的人終於要被打落地獄，接受懲罰，需要通過磨練來贖罪。導遊的講解令我們清晰了解米開朗基羅這幅創作的布局。

導遊表示，畫中的人物多爲赤裸身體，模樣非常傳神。但也因爲這種裸體形象，使《最後的審判》出了一段插曲，因爲被認爲觸犯了教規，基於宗教與道德理由，遭受反對與攻擊。一五六四年米開朗基羅去世不久，教廷就請

↑ 最後的審判

了矯飾主義畫家丹尼爾・沃爾特拉（Daniele da Volterra）把壁畫上的裸體人物補上綢布和衣袍。今天我們所見的壁畫，已在一九八〇到一九九四年間進行長時間的修復和清潔，並將部分的「遮羞布」移除，還原米開朗基羅的創作原意。

德國大詩人歌德（Goethe）曾經講過：「如果沒有親眼見過梵蒂岡的西斯汀禮拜堂，便不會知道一個人可以達到何種境界。」面對藝術家的不朽傑作，我們看得如癡如醉，流運不捨離去。

當我們準備步離博物館，走在一條長廊時，導遊趁機為大伙補充精彩的一課，說的是「文藝復興三傑」中的拉斐爾。一五〇八年，拉斐爾應教皇儒略二世的邀請，爲四間大廳設計裝飾。他帶領學生展開長達十六年的工作，可惜尚未竣工拉斐爾便已離世，餘下的工程由弟子繼續下去，直到一五二四年才宣告完成。

這四間大廳室分別是《君士坦丁廳》（Sala di Constantino）、赫利奧多羅斯室（Stanza di Eliodoro）、波哥的大火室（Stanza dell'Incendio di Borgo），以及簽署室（Stanza della Segnatura）。每個廳室各有主題，牆壁與天花板上繪滿壁畫，與西斯汀禮拜堂一樣，都是禁止拍攝的。壁畫當中，最爲人讚嘆的是《簽署室》正面牆壁的《雅典學院》（Scuola di Atene），導遊重點向大家介紹這幅壁畫，她說拉斐爾想藉此把哲學和科學等元素注入宗教殿堂內，他認爲這三者不會有矛盾和衝突，是可以共存的。他在壁畫中加入不少歷史名人，如正中央的柏拉圖和亞里斯多德，還有亞歷山大大帝、阿基米德、伊比鳩魯、托勒密等，其中柏拉圖的原型爲達芬奇，更以米開朗基羅的樣貌來繪製哲學家赫拉克利特，拉斐爾甚至也將自己放入壁畫最右側不起眼的角落，等於「三傑」同時出現在一件作品中。

个從聖彼得大教堂頂端俯瞰梵蒂岡花園，前方建築為梵蒂岡行政宮

漫步聖彼得大教堂

走出博物館，我和旅伴就兵分兩路。我為了縱目遠望，打算登上聖彼得大教堂的圓頂。想要抵達大教堂的圓頂有兩個選擇，其一是全靠步行走完五百五十一級階梯，或是如我一般，首先搭乘電梯來到中段，再往上步行剩餘的三百二十級。到達頂端，可以近距離欣賞上方的細緻裝飾，並將下面那「天主環抱的雙臂」或「開啟天堂的鑰匙」聖彼得廣場盡收眼底。這裡視野遼闊，廣場景色非常壯觀，雖然消耗不少體力，仍是物有所值，非常推薦！

1 從聖彼得大教堂頂端俯瞰，下方的建築物爲梵蒂岡博物館

2 聖彼得大教堂外觀

3 大教堂頂端較小的一座穹頂

我在圓頂上面停留了好一會，才想起要回到地面與大伙會合，一同參觀這座全世界最大的聖彼得大教堂。大教堂是一座無與倫比的偉大建築，長兩百二十米，寬一百五十米，占地面積達兩萬一千平方米，圓頂的最高處離地面爲一百三十三米。教堂內部一共有四十四座祭壇、十一個圓頂、七百七十八根立柱、三百九十五尊雕塑，以及一百二十五面馬賽克畫。若沒有專業導遊陪同的話，很容易會錯失不少重點精華。

大教堂得名自耶穌「十二門徒」之首的聖彼得，祂因傳播福音而遭異教徒暴君尼祿迫害，被倒吊在十字架上殉道，直至公元四世紀的君士坦丁時期，才在埋葬祂骸骨的地方興建教堂，也就是最初的聖彼得教堂。歷經時代變遷的風風雨雨，儘管舊教堂多次修葺，也已經殘破不堪，今天我們所見的聖彼得大教堂，是在舊教堂原址建起來的文藝復興新建築，結合多位卓越的藝術家和建築師相繼投身於這項偉大的工程上，例如多納托．布拉曼特、米開朗基羅、小安東尼奧．達．聖加洛（Antonio da Sangallo the Ycunger）、卡洛．馬代爾諾等等，從一五〇六年開始動工，直至一六二六年完工，教堂內的重要裝飾，甚至直到十八世紀才全部大功告成，耗時兩百多年之久，建築期可以說橫跨全盛的文藝復興和巴洛克時代。

我們跟隨導遊開始參觀這座結構巧妙、氣勢恢宏的大教堂，導遊先從大教堂的立面開始介紹：它的正面寬一百一十五米、高四十五米，對稱排列了八根圓柱和四根方柱。屋頂上豎立十三座高五點七米的雕塑，站在中央的是手持十字架的耶穌，兩側則是聖約翰和其他十一位門徒，爲何唯獨缺少聖彼得呢？導遊解釋說大教堂是聖彼得的化身，所以在屋頂上就沒有必要重複立祂的像了。另外雕像的兩側各有一座巨型時鐘，左邊的時鐘下面，又設置了六口青銅大鐘，其中最大的一口有九噸重。

大教堂的正面共有五扇大門，從左至右分別是死門、善惡門、中門、聖事門和聖門。最右面青銅鍍金的聖門上面刻有十六格的浮雕，描述《聖經》的故事。平時聖門並不會打開，門的後方也用磚塊和水泥密封起來，唯有每逢禧年時才會開啟，爲期一年。原本禧年是每百年一次，後來縮減爲五十年，最後又縮短成每二十五年一次，但教皇也可以根據特別緣由指定特殊禧年。導遊表示最近一次常規禧年是在二〇〇〇年，不過教皇方濟各在二〇一五年特別訂定了慈悲特殊禧年，並於該年十二月八日打開聖門，率領信徒們步入教堂，象徵一生的罪孽得到赦免，重啟人生新旅程。下一次聖門開啟儀式預計在二〇二五年這個常規禧年，大家千萬別錯過了！

雖然我已參觀大教堂多次，然而很多故事細節經過導遊介紹後，還是增長了不少知識。結束正門的介紹後，進入教堂大殿，由於空間過於宏大壯觀，竟令人產生點暈眩的感覺。整個大殿分為前後兩部分，前半部分有左殿、正殿和右殿；後半部有中殿、迴廊以及聖器收藏室。大家亦步亦趨緊跟著導遊，聚精會神地聆聽介紹，生怕錯過任何精華內容。雖然如此，若要逐一詳細參觀，一天時間或許都未必足夠。

我們先從聖門旁邊一尊米開朗基羅年輕時的大理石作品——《聖殤》（Pieta）雕塑開始，大理石塑像打磨得光滑亮透，以極為細緻的方式呈現當耶穌被從十字架上卸下來，躺在聖母瑪利亞膝上，聖母表情哀痛，神態莊嚴而柔和，真不愧是米開朗基羅的曠世傑作之一。他還在聖母的衣帶刻上自己的名字，據說是世上唯一一件具有他署名的作品。一九七二年三月二日曾經發生一宗事故，一位匈牙利裔的澳洲男性偷偷走近《聖殤》，用錘子連番敲打了塑像，造成塑像多處破損。事後塑像已經完全修復，但為保險起見，前面加設了一層防彈玻璃，避免再發生事故。

1 聖殤

2 聖維羅妮卡雕像，舉著印有耶穌面容的聖紗

殿內精美的塑像還眞不少，且都可以近距離欣賞，讓我們淸楚地認識到藝術家的精湛功力。大殿上有四尊放置在壁龕內的大理石塑像，第一尊爲聖維羅妮卡（Saint Veronica），舉著印有耶穌面容的「聖紗」，據說當耶穌背負十字架行走於苦路上，維羅妮卡以面紗擦拭耶穌的血和汗，耶穌的面容因此印在面紗上。第二尊爲手執「聖矛」的聖龍吉那（Saint Longinus），當耶穌受十字架刑後，他以長矛刺穿耶穌肋骨確定祂是否已死。而當耶穌復活後，他見證奇蹟成爲耶穌的忠實信徒。第三尊是右手持「眞十字架」、左手拿鐵釘的聖海倫那（Saint Helena），她是君士坦丁大帝的母親，傳說她在耶路撒冷找到了釘死耶穌的眞十字架。第四尊爲被釘在X型十字架殉道的聖安德烈（Saint Andrew），他是聖彼得的兄弟，也是耶穌十二門徒之一。這四尊雕塑個個造型逼眞，栩栩如生，從「聖紗」乃至每尊塑像的衣衫飾物，彷彿眞正的布料，完全不像大理石所雕刻，讓大伙讚嘆不已。

下一個參觀熱點就是大殿中央的聖彼得銅像，是十三世紀雕塑家岡比歐（Arnolfo di Cambio）的作品，它的腳經歷數個世紀信徒和旅客們日以繼夜的觸摸和親吻，已經磨得變色變形了。我們也隨衆加入撫摸的行列，祈求庇佑。

主祭壇位於大殿的中央，只有教皇才有資格登上去做彌撒儀式，下方是殉道的聖彼得墓穴，上方則覆蓋了高二十九米的「聖體傘」（Baldacchino），又叫做「華蓋」，是由年輕時的貝爾尼尼於一六二四年設計。青銅鍍金的「聖體傘」是大殿最精華的部分，以大理石爲基座，由四根高二十米的螺旋形柱子支撐住上面的華蓋頂篷。「聖體傘」上面是圓穹頂，當陽光透過圓窗灑落在華蓋上，將之照耀得閃閃發亮，更顯得神聖肅穆。站在如此巨大的青銅藝術品前，我們不禁望而生畏，頓時感到自己的渺小。

1 聖體傘及大殿

2 聖彼得銅像的腳已經被摸得變色變形

3 主祭壇的聖彼得王座由貝爾尼尼設計，傳說中間木椅是聖彼得所使用

个梵蒂岡衛隊的制服顏色鮮豔，十分醒目

大教堂的珍寶實在太多太多了，只能擇重點參觀，短短幾小時內欲窺全貌，難矣！

我們來到正門的左側，準備離開大教堂時，見到梵蒂岡衛隊（宗座瑞士近衛隊）的成員，我忍不住拿起相機，拍下那身紅、黃、橘、藍相間的醒目制服。

最後我們前往聖地的郵局，從這邊寄出的信函會蓋上梵蒂岡的郵戳，大家都不約而同為遠方的親友寄上我們來自梵蒂岡的祝福。

探索拉齊奧大區祕境：布拉恰諾、蒂沃利、蘇特里

大伙在羅馬城內轉悠了好幾天，不僅遊過不少教堂、博物館和廣場等名勝古蹟，又嚐過道地的義大利披薩、麵條、火腿，當然少不了我和 Brenda 最愛的 gelato 義式冰淇淋。城內不乏購物中心，不僅有高檔品牌商品，也有各項平民化雜貨、紀念品。除了在奢侈品牌商店內無法有議價的空間外，其餘的商店或攤擋都千萬不要手軟，大膽砍價，爭取更低更漂亮的價錢！

羅馬是義大利首都城市，也是拉齊奧大區（Lazio）首府。這個大區每年光靠旅遊產業已占全國 GDP 約10%，人均產值位列各大區的首位，除了旅遊業外，還有其他多元化產業，如機械製造業、航天工業、化工、醫藥、紡織、食品和建築業等。同時，這裡擁有良好的地理優勢和火山灰造成的肥沃土地，農業也很發達，產品主要有小麥、玉米、蔬菜、水果、肉類和乳製品等，更是葡萄和橄欖的盛產地之一。說起火山灰，大區內總共有四座火山，過去火山噴發時，留下大量的火山灰，使得土壤肥沃，火山口後來也轉化爲靜謐的湖泊，形成美麗的風景。地形與氣候的因素，更使該區成爲全國花卉和草本植物資源最豐富的地區之一，且是野生動物和鳥類的樂園。得天獨厚的拉齊奧大區有湖泊、溫泉、山脈，並有自然海港——奇維塔韋基亞海港（Civitavecchia），使之成爲重要交通運輸樞紐。

追溯歷史，拉齊奧大區在古羅馬時期之前就有人類群居，發現過不少伊特魯里亞文明（Etruria，或譯爲伊特拉斯坎，公元前十二世紀至前一世紀在義大利中北部發展的文明）的遺蹟，爲這方面的研究提供重要的材料。

若想將整個羅馬遊遍，只花幾天時間，是不可能的事，更別說羅馬城外、拉齊奧大區內還有許多祕景，例如幾個小鎮距離羅馬城約三十至五十公里，都可探索另類風景，其中最有名氣的是布拉恰諾（Bracciano）和蒂沃利（Tivoli）兩個城鎮。

湖畔的中世紀古堡：布拉恰諾

布拉恰諾古鎮是我們今天第一個目的地，司機向我們說明這處是個旅遊小鎮，是當地人度假的景點，卻少有亞洲人踏足，因而當我們來此遊逛，當地居民紛紛向我們投以好奇的目光。

小鎮自中世紀以來長期是羅馬教皇的領地，宗教色彩非常濃厚。當地主要以務農爲生，葡萄酒和橄欖油爲主要的產業。至於爲何能發展旅遊，旅客紛至沓來，除了因爲美麗的布拉恰諾湖（Lago di Bracciano）外，山丘上還有奧爾西尼—奧德斯卡爾基城堡（Castello Orsini-Odescalchi）這座中世紀古堡。

來訪之時，春回大地，陽光普照，沿途景色無限好。我們首先繞到高處看湖景，靛青色的湖水泛著粼粼微波，想起去年（二〇二二年）十二月嚴冬時，天色濛濛，寒風冷雨，景況截然不同，這次我跟著旅伴們重遊，幸而沒有錯過如此秀麗的湖景，其他人急不及待，早已在半山腰找到了好位置合影，爲這場春遊留下美好記憶。之後我們來到這天然的火口湖畔，正巧遇見幾隻白天鵝在清澈的湖水中悠然滑行，優雅的身影吸引了同行兩位女士，忍不住掏出東西餵食。

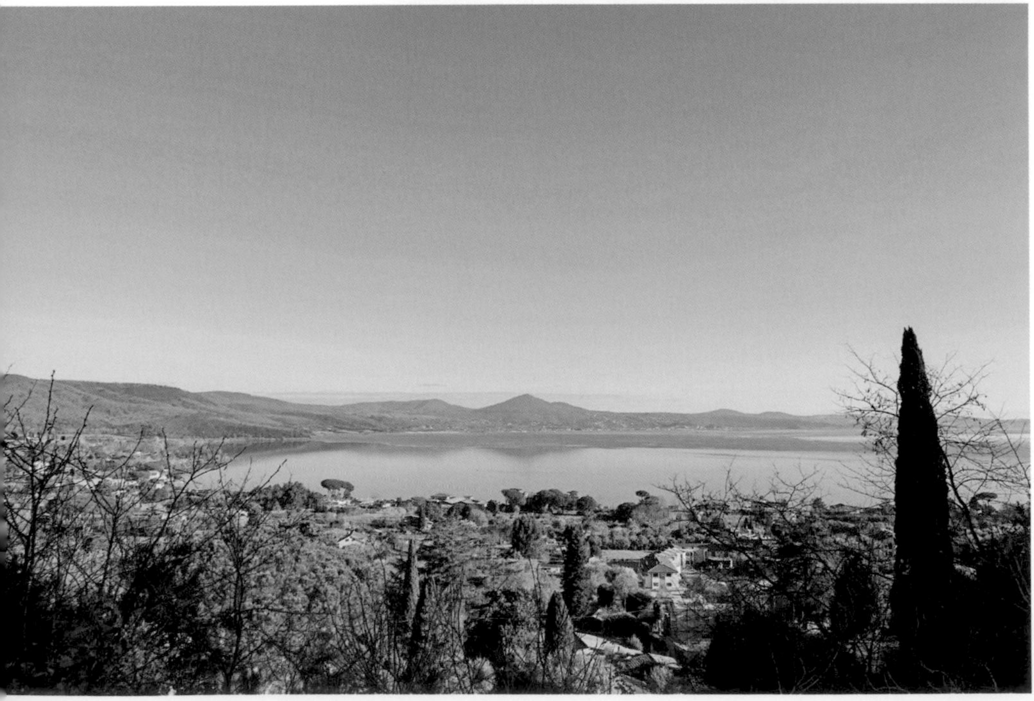

1 布拉恰諾湖及湖畔的白天鵝

2 從高處遠眺布拉恰諾湖

布拉恰諾湖面積約六十平方公里，最深處將近一百七十米，是拉齊奧大區最大的湖泊，已劃爲一處自然保護區。環顧湖的四周，被高山和丘陵包圍。景色雖然比不上我早前遊過的科莫湖和加爾達湖那般壯麗，卻也同樣讓人著迷。漫步在沙灘上，迎著和煦春風，感到愜意非常！

我們來得時間實在太早，湖旁的咖啡店和餐廳都仍未營業，更未見到其他旅客的蹤影。湖畔還有好幾個文化藝術中心，因爲時間有限，大伙並未逗留太久，也就等不及這些畫廊和藝術中心開門營業了。

緊接著，我們直接登上山丘，來到奧爾西尼—奧德斯卡爾基城堡。這座宏偉的城堡由奧爾西尼家族建於十五世紀文藝復興時期，聳然屹立古鎮最高處，下方就是剛剛遊過的布拉恰諾湖。它不僅是當時教皇家族的居所，又是防禦城堡。幾世紀以來，城堡多次因奧爾西尼家族、科隆納家族和波吉亞家族等貴族間的爭端或爭奪領地而發生戰事，最後爲奧德斯卡爾基家族所擁有，如今已改爲博物館，開放給公衆參觀，並成爲研究城堡歷史及學校教學的場所。經過修葺的城堡總共有三層樓，每層各有廳室，陳設古色古香，同時也是名人富豪舉辦私人派對、商務會議及豪華婚禮的理想地方。

我們從很遠的距離就望見坡道上高聳的圓形帶齒狀塔樓，這些高塔總共有五座，加上內外三堵圍牆，十分堅固、易守難攻。進入城堡後，大家沿著參觀路線，穿過幽深的階梯和廊道，經過外面的防禦壕坑、花園和庭院。從外觀看來，城堡似乎不大，可是當我們走進來，發覺堡內布局如迷宮般，要繞行一道接著一道的走廊，有種神祕莫測的感覺。

十六世紀時，米開朗基羅的學生賈科莫·德爾杜卡（Giacomo del Duca）受雇對城堡進行一輪擴建和重新裝飾，他是一位著名的建築師和雕刻家。聽說當時是爲了奧爾西尼與美第奇家族聯姻的一場婚禮，所以裝潢得極爲精緻。

城堡內部有二十多間大廳，我們逐一參觀，每間布局和藏品各有不同，藏品包括古兵器、書籍、陶瓷器和雕塑等，通過這些藏品，對過去的貴族生活多了一份了解。除此之外，畫廊也占了相當大的部分，是一系列文藝復興初期的作品，既精美又珍貴。讓大伙留下最深印象的是一系列中世紀晚期風格的女性繪畫，全部以女性爲主題，根據四季更迭，時間變換，人物活靈活現，躍然於畫上。

1 城堡與湖景

2 城堡的塔樓與廊道

3 城堡內部

↑城堡內部的廳室與藏品

午餐時間已屆，大伙才在司機的帶領下，離開城堡，轉往另一個祕境——蒂沃利小鎮。在路途中，司機還透露了一個八卦訊息：過去二十年間，不少知名人士如好萊塢影星等曾在城堡的庭園和大廳舉辦奢華的婚禮，其中最爲大家熟悉的就是湯姆・克魯斯（Tom Cruise）和凱蒂・荷姆斯（Katie Holmes）二〇〇六年那場世紀婚禮。不過據他的記憶，凡在古堡內舉辦過婚禮的夫妻，大多不能白頭偕老，都以仳離告終。因此當地人都說這城堡彷彿被施予魔咒，在這裡舉辦婚禮，不但無法帶給他們幸福，反而送上厄運，很不吉利。大家聽了都一笑置之，只當笑話一則罷了。

↑古羅馬灶神廟遺址就在餐廳旁

童話世界般的千泉宮：蒂沃利

我們的午餐選擇蒂沃利的西比勒餐廳（Ristorante Sibilla），這家米其林星級餐廳遠近馳名，已在這鎮上經營百多年，是一家老牌的傳統義式餐廳。這已經是我第三度光顧，所以在介紹餐廳陳設與菜餚方面，我最有發言權。餐廳位處丘陵高處，座落在兩千多年古羅馬神廟遺址旁，一面有自崖邊瀉下的瀑布，另一面是鬱鬱蔥蔥的山景。倘佯在餐廳的露天平台，大家異口同聲讚美周圍優美的環境。抬起頭能夠欣賞到古羅馬神廟建築，邊聆聽淙淙流水，加上餐廳內部裝修典雅精緻，古色古香，置身於此，眞讓人有夢境般的感受，更別提菜餚滋味可口，服務出色，讓人賓至如歸，讓大伙戀戀不捨，差點耽誤接下來的行程。

到底蒂沃利這個小鎭有什麼特色，成爲羅馬人度假的好去處？蒂沃利有六十八平方公里，人口約六萬，高踞在丘陵上，放眼望去可以把羅馬四周的鄉村風光一覽無遺。它是個旅遊業發達的小鎭。除此以外，當地出產葡萄、石灰華，還有造紙業等。

大伙用餐的地方在蒂沃利老城區歷史中心，區內滿布蜿蜒曲折的小街小巷。可別因此小覷！鎭上隱藏著兩座世界文化遺產：埃斯特別墅（Villa d'Este）和哈德良別墅（Villa Adriana），還有不少羅馬時期貴族的行宮和度假花園，不過名氣不及上面兩座別墅。憑藉這兩座赫赫有名的宏偉別墅，成就了當地旅遊業的蓬勃發展。

美味豐富的午餐讓我們耽誤了不少時間，所以用餐後剩餘的時間不足以參觀兩座別墅，魚與熊掌無法兼得，只好忍痛割捨掉哈德良別墅，選擇參觀埃斯特別墅。

大伙穿梭於橫街窄巷，來到了埃斯特別墅。十六世紀，紅衣主教伊波利托二世·德·埃斯特（Ippolito II d'Este）委託建築師皮奧·利高里奧（Pirro Ligorio）設計，別墅的建造時間漫長，一五六三年始建，到十七世紀才完成，可惜後來遭到棄置，二〇到三〇年代間，經歷近十年的維修，卻好景不常，又遇上二戰的轟炸，別墅再度損壞，待戰爭結束才逐漸恢復原貌。

1 從餐廳平台看出的風景

2 蒂沃利小鎮一隅

埃斯特別墅最初以本篤會修道院爲原型，結合宮殿與庭園，面積四點五公頃的範圍內，單是大小噴泉和水流、水柱就有五百個，所以又被稱爲「千泉宮」。我們先從四方宮殿開始，按次序參觀一間間富麗堂皇的廳堂，裡面收藏大量令人目不暇接的文物，尤其是一系列出自羅馬矯飾主義畫家手筆的壁畫，題材多爲古希臘、羅馬神話，還有蒂沃利的歷史等。

宮殿外面有座建在山崖上的涼廊，可以欣賞無際的羅馬鄉村景色，以及涼廊下方青翠的花園和噴泉，賞心悅目。別墅內庭園、露台與迴廊相連，放置很多大理石雕塑。若於夏季酷暑來到這裡，肯定會感到透心清涼，暑氣全消。

1 百泉大道

2 水池呈現宛如鏡面的倒影

3 羅梅塔噴泉

↑海王噴泉與上方的管風琴噴泉

↑海王噴泉前方是三個長方形水池

大伙拾級而下，首先來到一座象徵羅馬的羅梅塔噴泉（Fontana della Rometta），一艘石船載著方尖碑，水盆中潺潺流淌的溪流代表貫穿羅馬的台伯河。這僅僅是開始，往下的噴泉更精彩。我們走過一條由三層瀑布組成的「百泉大道」，出水口或為動物、或為人臉，水花噴灑，讓人精神為之一振，整條路非常適合拍照，也是一處絕佳的打卡地點。接下來橢圓形的奧瓦多噴泉（Fontana dell'Ovato）又是另一種設計風格，泉水從半圓形的迴廊前面傾瀉而下，如同水簾洞般。

最主要的景點是管風琴噴泉與海王噴泉（Fontana dell'Organo & Fontana di Nettuno）。管風琴噴泉是靠水力的運作讓管風琴發出聲音，如今每兩小時會有一次管風琴演出，可惜我未能遇上，不過體積龐大的巨型大理石群雕同樣很有看頭。從這兒向下俯望，就是一柱擎天、氣勢磅礡的海王噴泉，是園內最大的噴泉。它的前方是三個長方形水池，池水平靜，如同鏡面般倒映著圍坐池邊的情侶及婆娑樹影，我忍不住按下快門，捕捉這甜蜜的一瞬間。旅伴們也爭相在池邊留下倩影，樂不可支。

至於落選的哈德良別墅是羅馬皇帝哈德良在提布提尼山（Tiburtini）腳下建造古希臘、古羅馬的神殿、浴場和劇場等建築，別墅占地面積更大，原本估計有三百多公頃，如今雖然範圍沒那麼大，卻依然宏偉壯觀，相當具有可看性。如此看來，我非得擇日專程參觀不可。

1 管風琴噴泉

2 埃斯特別墅一隅

古羅馬劇場與石窟教堂：蘇特里

前面提到，我在二〇二二年十二月旅遊羅馬時遭逢綿綿寒雨，因緣際會來到另一個更鮮為亞洲旅客熟悉的拉齊奧祕境——維泰博省（Provincia di Viterbo）的蘇特里古鎮（Sutri）。當時我遊完布拉恰諾後，雨勢不止，司機於是提議我到距離不遠的蘇特里短暫停留。

蘇特里自銅器時代就有人居住，它位於羅馬到伊特魯里亞兩地區之間的中轉地，現在古鎮內仍可找到伊特魯里亞文明的遺蹟。傳說小鎮是羅馬神話的農業之神薩杜恩（Satrum）所建立，名稱也由此而來。小鎮占地六十多平方公里，居民只有約七千多人。它建於火山凝灰岩內，鎮上許多古蹟都是直接從岩石開鑿出來。

我們先來到一座保存還算完整的伊特魯里亞露天圓形劇場，它是蘇特里古城區域自然公園（Parco Naturale Regionale dell'Antichissima Citta di Sutri）的一部分。當時雨未停歇，我走進這座劇場時，遍地汙泥，唯有倉促地走馬觀花。劇場也開鑿自凝灰岩中，可容納三千觀眾。經過大自然的侵蝕，觀眾座位與走道有相當的部分已然受損剝落，卻未改它的宏偉氣派。因為草地

个露天圓形劇場

積水太多，我並未深入，轉往考古公園的其他部分參觀。

中途遇上幾位來自法國的旅客，我們遂結伴前去一座具有歷史宗教意義的聖母分娩教堂（Church of the Madonna del Parto）。石窟教堂同樣從岩石山上開鑿而成，每天定時開放，我來得正是時候。當管理員打開木門，我見教堂內有一長方形大廳，共有十二根石柱支撐，爲了避免地面受到損壞，大廳鋪設木道。兩側岩石上有彩繪壁畫，大部分保持完好，色彩依然鮮豔。其中祭壇上是聖母分娩的彩繪壁畫，在我印象中，這樣的主題較少見到。另外一幅大型彩繪壁畫則描述一則有關教堂的神話：話說有頭牛自富人家出走，來到岩洞，一名男子挽弓打算射殺牠，那支箭射出後卻神奇地折返，反而把自己射傷。當地人認爲這是神蹟顯靈，經過祈禱儀式，三天後就動工開鑿洞穴教堂，並將神蹟以壁畫的方式記錄在岩壁上。

最後我來到公園區，從高處再一次見證這座遺世而壯觀的古羅馬劇場。園區栽種很多不同種類的植物，待到春暖花開之際，想必更有「睇頭」（粵語，更好看的意思）。

1 聖母分娩教堂的彩繪壁畫

2 前方祭壇上是聖母分娩的彩繪壁畫，天花板和兩側也都有壁畫

佛羅倫斯及周邊地區

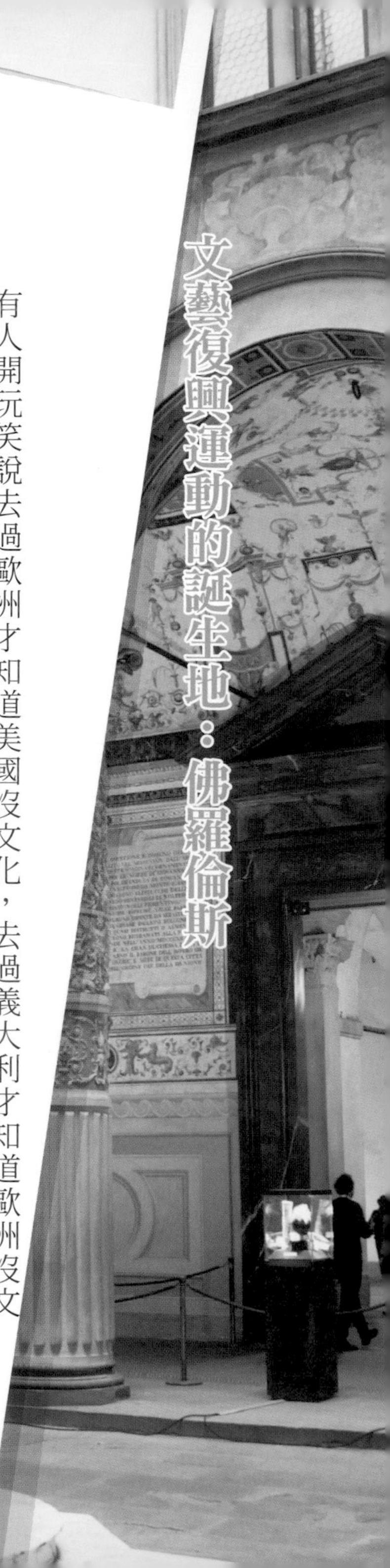

文藝復興運動的誕生地：佛羅倫斯

有人開玩笑說去過歐洲才知道美國沒文化，去過義大利才知道歐洲沒文化。一場發生在十四世紀到十七世紀的歐洲文藝復興運動使義大利成爲歐洲的文化和藝術中心，而佛羅倫斯正是這場運動的搖籃。達芬奇、米開朗基羅、拉斐爾、但丁等一大批爲我們後人所熟知的大藝術家們，多與這座城市有著不可割捨的關係。

「唐宋八大家」之首韓愈在《馬說》中說道：「世有伯樂，然後有千里馬。千里馬常有，而伯樂不常有。」我之所以會想起這段話，是因爲在佛羅倫斯背後，在那些文藝復興的巨匠和他們傳世作品的背後，支撐著他們的正是美第奇家族（Medici）這個伯樂。美第奇家族是歐洲在十五世紀至十八世紀中期非常強大的名門望族，曾經統治佛羅倫斯近三個世紀。這個家族以勢力及財力贊助支持這些偉大藝術家、思想家以及科學家們的創作。若說「假如沒有美第奇家族，義大利就沒有文藝復興」未免過於偏頗，不過可以肯定，義大利的歷史一定不是我們今天所看到的模樣。

先來介紹這個家族極具傳奇性的發跡史，他們本來是托斯卡納地區的農民，因爲藥材生意而發跡起家，後來更開辦銀行，一舉成爲了歐洲最大的金融巨擘。家族先後產生數位教皇和兩位法國王后，聲名顯赫，一時無兩。

首先創辦美第奇家族銀行事業，使其成爲當時歐洲首富的喬凡尼（Giovanni）已經開始贊助藝術，到了第二代掌門人科西莫（Cosimo）更給予藝術家們充分的自由，最重要的是他能夠理解藝術家們的脾氣，協助他們更進一步發揮才華。其後，家族持續將這個傳統發揚光大，大力推動佛羅倫斯文化藝術的發展，使其成爲歐洲最頂尖藝術家的聚集地，整個城市也充滿各種先進的創新思想，最終使文藝復興的浪潮向外擴張，成果輝煌，甚至對整個世界造成了影響。

今天我們在佛羅倫斯展館欣賞到數不清的繪畫和雕刻，大多是美第奇家族的收藏品，甚至有部分作品正是藝術家爲家族成員所創作的。但鐘鳴鼎食之家也好，舊時王謝也罷，古今中外沒有哪個大家族可以永遠興盛，正如科西莫所說：「也許過不了五十年，我的家族就會被驅逐，會被人遺忘，但是這些建築和藝術卻會永存。」如此非凡氣魄，令人嘆服。

今天，當我們致敬這些藝術作品、致敬偉大的藝術家時，也莫忘在背後以巨大的財力勢力扶助撐持的美第奇家族。因爲他們的推動，在人類的歷史長河中，造就文藝復興這個輝煌的時代，激勵人們探索無窮的文藝創意，燃亮了整個人類文明的發展史。

聖母百花大教堂

佛羅倫斯是旅遊熱門勝地，許多人不遊米蘭，卻絕不會錯過這座城市，探究歐洲藝術文化和思想的中心。回想第一次到訪這個寶地，已是四十多年前的事了。之後當然也多次來此旅遊，這次在疫情期間到來，又是另一番不同的感受。

佛羅倫斯是托斯卡納大區的首府，位於義大利中部，四面被丘陵環抱，阿諾河（Arno）穿城而過。她有個詩意的譯名「翡冷翠」，來源於中國著名的現代詩人徐志摩，他的用詞既獨特，又帶有浪漫氣息。歷史記載，佛羅倫斯最早建於凱撒大帝在位時期，後來陸續被羅馬帝國、拜占庭帝國、倫巴第人等統治，後因羊毛紡織業的興盛，經濟發達，重要性逐漸提升，十二世紀更成為神聖羅馬帝國皇帝特許的自治城市，建立佛羅倫斯共和國，當時國家實權掌握在最有權勢的貴族手中，到了十五世紀，美第奇家族掌權，守護這座城市長達三百年。十五世紀也開啟了佛羅倫斯最燦爛輝煌的時代，一代又一代藝術、科學、哲學等領域的大師將義大利文藝復興推至成熟和高峰。

佛羅倫斯每年吸引世界各地無數遊客前來，除了悠久歷史外，更因為這裡是義大利的文化名城，歐洲文藝復興運動的發源地，歷史中心自一九八二年已被聯合國教科文組織列為世界遺產。

說到這裡，不得不提起一位與這城市有密切關係的美第奇家族傳奇人物——安娜・瑪麗亞・路易薩・德・美第奇（Anna Maria Luisa de' Medici）。她是這個家族存活到最後的直系血脈，在她出生之時，其實這個家族往日風光早已不再。安娜晚年與繼任托斯卡納大公的洛林公爵（後來的神聖羅馬帝國皇帝法蘭茲一世）簽署了一份著名的家族契約，將美第奇家族所有資產留給了托斯卡納大公國，但有一個條件，要求「任何一樣東西都不能離開佛羅倫斯與大公國，美第奇家族的全部財富必須服務於公眾利益，永遠留在這裡供全世界欣賞。」此舉賦予了佛羅倫斯無可取代的地位，即便是首都羅馬都不能與其相提並論，可以說沒有美第奇家族，佛羅倫斯就不可能有如此的地位。

這次來到佛羅倫斯，儘管疫情稍有好轉，我仍不敢掉以輕心。下塌在老城區的四季酒店，酒店本身是一座古建築，配有現代化的設施。它位於內街，環境恬靜，位置非常接近佛羅倫斯最負盛名的地標——聖母百花大教堂（Duomo S. Maria del Fiore）。穿過多條令人錯亂迷離的小巷，步行不過十分鐘，就來到主教座堂廣場（Piazza del Duomo），而聖母百花大教堂正巍然矗立在廣場上。

疫情期間，旅客雖較過去減少，不過因爲它的名氣實在太大，現場依舊人來人往。不過聖母百花大教堂前面未見太多旅客聚集，我暗自心喜，以爲大概不需排隊便可入內參觀。誰知百密一疏，忽略了疫情期間遊覽景點的注意事項，要想進入一些重要的景點，必須在網上提前預約，我只能無奈錯過。不過這並非我首次到訪，所以倒也不會太過遺憾。

1 聖母百花教堂鐘樓

2 夜晚的聖母百花教堂和聖若望洗禮堂

↑聖母百花教堂立面與鐘樓

我圍繞大教堂周邊，欣賞它精美的外觀。作爲世界四大教堂之一，聖母百花大教堂可謂佛羅倫斯藝術與文化的頂級傑作。教堂整體建築屬於哥特式，規模宏大，裝飾絢麗，單看白、紅、綠三色花崗岩貼面的外壁，似乎少了些一般宗教建築的嚴肅感，反而綻放著優雅的古典美。

大教堂於一二九六年由美第奇家族出資興建，在一四三六年建造完成。一開始是以岡比歐（亦即聖彼得大教堂大殿內聖彼得銅像的雕塑家）的設計爲藍本，後來又經建築師布魯內雷斯基（Filippo Brunelleschi）接手，完成最引人注目的八角形大穹頂。當時工程棄用傳統施工支架，採用滑輪，最終將這高一百一十八米、對角直徑達四十二點二米的大穹頂蓋上去，在當時是建築工程史上的一項創舉。米開朗基羅便曾慨嘆道：「我可以建一個比它更大的圓頂，卻不可能比它更美。」

耗費一個多世紀、經由數位建築師的設計與努力，最終成就了這座城市的地標建築。而教堂巨大穹頂的外表爲橘紅色，實際內部金碧輝煌，令人眼前爲之一亮，是由喬爾喬·瓦薩里（Giorgio Vasari）在一五七二年繪製的穹頂畫《末日審判》。聖母百花大教堂設有階梯，不僅可以近距離欣賞巨形的《末日審判》，更可挑戰總數爲四百六十三的階級，直達穹頂眺望城市景觀。我慶幸三十年前年輕時曾經登過，否則依目前的年紀和體力，也不敢造次登上去了。

↑聖若望洗禮堂及門上浮雕

大教堂廣場上不僅有聖母百花大教堂，它連同鐘樓和聖若望洗禮堂組成了宏偉的建築群。與教堂正門相對的是聖若望洗禮堂（Battistero），外觀爲白、綠大理石相間，不過是羅曼風格，相比之下更爲樸實端莊。正對著大教堂的東門材質爲青銅鍍金，是最多旅客佇足打卡之處，因爲它被米開朗基羅讚譽爲「天堂之門」。門上雕刻著聖經《舊約》的故事，而最有趣的是雕刻家洛倫佐·吉貝蒂（Lorenzo Ghiberti）將自己也刻進了銅門的浮雕內，人物之中有一個「禿子」正是雕刻家本人。至於洗禮堂的北門同樣出自吉貝蒂的手筆，浮雕內容則爲耶穌的故事。我記得以前這幾扇門都可讓人伸手撫摸膜拜，如今門前架起欄柵，想必是爲了保護門上的雕刻。

大教堂旁有一座高八十二米的喬托鐘樓（Campanile），由畫家喬托·迪·邦多納（Giotto di Bondone）設計，可惜尚未建成他就離世了，當時只完成鐘樓下方基礎部分，其餘由後人繼續完成。鐘樓內部同樣沒有電梯可搭，要登上四百一十四階級，方可登上頂部，俯視全城面貌。

因爲大教堂的面積龐大，要拍攝全貌眞的有點困難，根據我的經驗，從鐘樓斜對面燈柱位置剛好能把全景拍下，給大家做個參考。

走訪文藝復興的中心

聖母百花大教堂前面有條著名的卡爾查依歐利路（Via dei Calzaiuoli），是佛羅倫斯的核心街道，寬約四米，街道比過往要乾淨得多，兩側全是服裝店和鞋店。衆所周知，義大利時裝在全世界享有盛名，但其不菲的價格往往讓人敬而遠之。疫情的入侵劃開了一個豁口，爲了生存，很多店家都打折出售，眞正的「跳樓大賤賣」。我留意到街邊幾家服裝店的商品打到了五折，甚至有的達到不可思議的兩折。一件優雅的男士外套一千港幣就可拿下，更不用說退完稅後其實連一千元都不到。這裡的人流還算可以，但大都是 window shopping，缺乏購買欲。人流中甚少見到亞洲旅客，多數來自法、德。街道上的露天咖啡座也很少客人，零零散散坐了一兩檯，更多的是虛席以待，可以想見疫情是如何無情打擊當地的產業。

義大利自文藝復興運動以來，是歐洲的文化藝術中心。特別是文藝復興的發源地佛羅倫斯，歷史文化和藝術的薰陶使得人們對美感、對藝術的品味與了解已深入骨髓、流淌在血液中。在佛羅倫斯走上一圈，自然而然會明白他們的文化底蘊，那種令人折服的「傲氣」。眞理是經得起考驗的，眞正的文明也經得起時間的檢驗。在佛羅倫斯，我甚至不用走進那些擁有珍貴藏品的博物館和藝術館，只要穿行在古老的巷道中，那些藝術大師們設計過的道路，即便擦肩而過的角落都有著歷史的記憶，大小廣場上的建築或是雕塑，每一件作品後面都有一個故事，儘管跨越千百年，依然散發著鮮活的藝術生命力。更甚至，無須刻意尋找，街頭巷尾的牆上塗鴉、拐角處停放的自行車、樓房建築風格和顏色，地上鋪設的一磚一石，都能令人體會這城市就像一件藝術品，充滿獨特的魅力以及動人的韻味。

據統計，整個佛羅倫斯擁有四十多座博物館和美術館，其中烏菲茲美術館（Galleria de Uffizi）和帕拉提納美術館（Galleria Palatina）舉世聞名，尤其烏菲茲美術館代表文藝復興的最高境界，收藏不少曠世名作，必看的鎮館之寶如波提切利的《維納斯的誕生》和《春》、達芬奇的《天使報喜》、米開朗基羅的《聖家族》等。還有佛羅倫斯美術學院（Accademia di Belle Arti di Firenze）被譽爲「世界美術學院之母、四大美術學院之首」，是美術教育的標杆。另外佛羅倫斯還有六十多座大大小小的宮殿和教堂，收藏大量文藝復興時期的藝術品和珍貴文物，可說是最豐富的文藝復興時期藝術品保存地。

另一邊廂，宏偉的領主廣場（Piazza della Signoria）是政治中心，舊宮（Palazzo Vecchio，或稱領主宮）為威武雄偉的羅馬式建築，並有哥特式的窗戶，曾經是佛羅倫斯的市政廳。領主廣場一隅還有一座建於十四世紀末的傭兵涼廊（Loggia della Signoria）。這一帶陳列了許多大型雕塑，形態逼真傳神，彷彿一座大型露天雕塑博物館，讓人應接不暇。最具代表性的當然是科西莫一世的騎馬像，以及廣場中央的海神噴泉、大衛像複製品，另外還有如《劫持薩賓婦女》、《海克力斯與半人馬搏鬥》、《帕修斯與美杜莎首級》等諸多雕塑。建議大家多留點時間，靜下來好好欣賞。

這次到訪適逢當地一個節日，一群復古裝束的男男女女從舊宮大門走出，繞著廣場巡遊，彷彿文藝復興時期再現，可惜臉上掛著口罩，多了點現代感。我忍不住緊隨行列後面，相機快門按個不停。

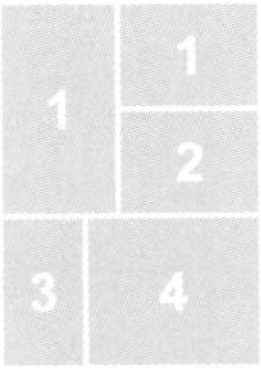

1 舊宮的外觀與內部
2 夜晚的傭兵涼廊
3 大衛像複製品
4 海神噴泉

1 米開朗基羅廣場上的大衛像

2 從米開朗基羅廣場眺望佛羅倫斯，白天與夜晚各有風情

來到佛羅倫斯一定不能錯過米開朗基羅廣場（Piazzale Michelangelo），這座寬闊的廣場位於阿諾河南岸市中心以南的奧特拉諾區山上，是俯瞰整個城市的絕佳位置，由建築師朱塞佩．波吉（Giuseppe Poggi）在一八六五年設計，始建於一八六八年。廣場上最引人注目的自然是大衛雕像，不過這是件複製品，原作收藏在佛羅倫斯美術學院。不僅如此，一旁還有這位天才藝術家著名的《白晝》、《黑夜》、《黃昏》及《黎明》的雕塑複製品，原件收藏在美第奇禮拜堂（Cappelle Medicee）內。大衛像這個米開朗基羅的曠世之作，早已經被賦予了太多的意義，無論是藝術層面，還是情感方面。來自世界各地的旅客爭相目睹，儘管眼前的雕像只是複製品，卻與原件沒有任何分別。這裡要介紹一下廣場下方的阿諾河，這條貫穿佛羅倫斯的河流見證了這個城市的歷史興衰。我聽從導遊建議，分別在早上、午後和晚上各來到此處，從廣場上舉目眺望整個城市，不同時間下有著不同的美態，唯一不變是阿諾河緩緩流淌而過，市中心聖母百花大教堂著名的穹頂、鐘樓和聖十字聖殿，倒映在平靜的河面，夜晚加上城市的點點燈光，更添了另一番情調。

我也多次穿過熱鬧的中央市場（Mercato Centrale），這座逾百年歷史的建築結合鐵和玻璃，也是米蘭埃馬努埃萊二世拱廊設計者朱塞佩．門戈尼（Giuseppe Mengoni）的作品。市場售賣新鮮食材，如蔬果、肉類等，還有另一層美食專區，不僅有義大利特色的食品，更少不了異國風味，應有盡有，來到這兒，很難不感到垂涎三尺。

再往前走，就是著名的「老橋」（Ponte Vecchio），橫跨在阿諾河上。橋梁最初建造於羅馬時期，幾經重建，如今的樣貌完成於十四世紀。橋上蓋有重重疊疊、顏色多彩的房子，中央留有通道。這些房子大都是黃金首飾的專賣店，如果在平日，橋上早被旅客擠得水洩不通，而今卻空空如也，站在老橋上觀賞落日，無比愜意。橋中央豎立一座本韋努托・切里尼（Benvenuto Cellini）的半身雕像，他是文藝復興時期的雕塑家、畫家和金匠，也是一位戰士和音樂家，集多元能力於一身。傭兵涼廊上的《帕修斯與美杜莎首級》雕塑就是他的作品。雕像是爲紀念這位出生於佛羅倫斯的藝術家誕辰四百周年。

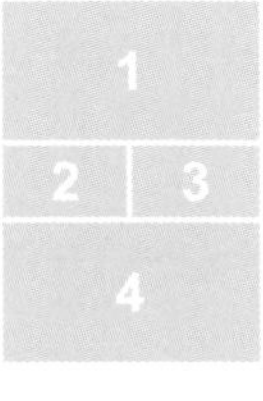

1 阿諾河
2 阿諾河與老橋
3 夜晚的老橋上
4 佛羅倫斯街頭

RISTORANTE
ANTICA PORCHETTERIA
GRANIERI 1916
27

↑野豬噴泉是相當受歡迎的景點

這次我在佛羅倫斯停留的時間不過兩天，無法盡覽文藝復興時期遍布的瑰寶和名勝，卻也留給我再次拜訪的最好理由。建議您若有機會，也別忘了來這裡走一遭，唯有親歷其境，才能了解那場尊重個人、尊重藝術和尊重科學的「新文化」運動，是如何在這裡傳承下來、永恆不朽，也才能了解爲何會有無數旅客從各方不遠萬里奔赴而來。

離開這座風采迷人的城市前，我挑燈重溫了徐志摩先生在義大利創作的現代詩《翡冷翠的一夜》。領略詩人身處佛羅倫斯時，對遠方戀人的思念，或者只有在這樣充滿嫵媚魅力的藝術之鄉，才能觸發詩人的雅興。

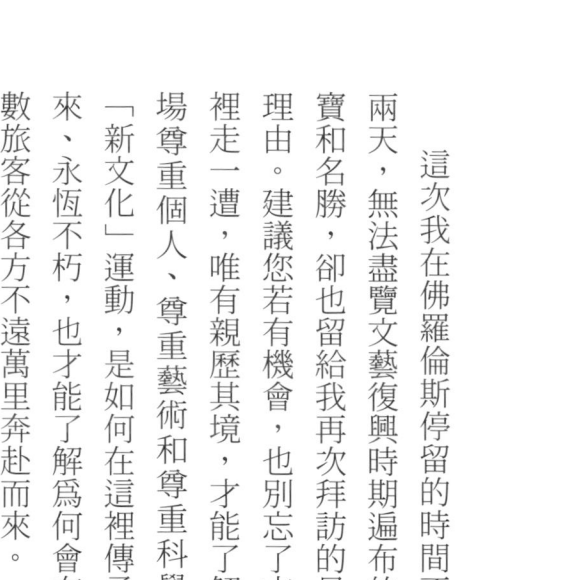

不倒的斜塔：比薩

單說比薩（Pisa）可能讓人一時反應不過來，以為是義大利薄餅披薩，加上「斜塔」兩字立馬變得耳熟能詳。偉大的科學家伽利略在這座斜塔上做過「兩個鐵球同時落地」的實驗，從此推翻了亞里斯多德「物體下落速度和重量成正比」的學說，這一實驗被寫入中國小學生的課本裡，也把「比薩斜塔」深深地刻進了無數人的腦子裡。

比薩是伽利略的故鄉，位於托斯卡納大區，臨阿諾河，歷史上曾是重要的港口與貿易中心，更在中世紀發展成叱吒一方的城市，是海上共和國之一。儘管在之後的鬥爭中歸順於佛羅倫斯，但其繁榮發展並未因此而中斷，何其幸也！

奇蹟廣場（Piazza dei Miracoli）位於比薩的中心區域，一組中世紀的建築群矗立其上，外牆皆由乳白色的大理石砌成，各領風騷又出奇和諧，與

1 斜塔和天使噴泉

2 洗禮堂（左）、大教堂（中）和斜塔（右）

綠茵茵的草地相得益彰，難怪被叫做「奇蹟廣場」。奇蹟廣場這個名稱最早來自於義大利作家及詩人加布里埃爾・鄧南遮（Gabriele d'Annunzio），因爲他在一九一〇年的著作《Forse che sì forse che no》中將廣場描述爲「奇蹟的草地」。

始建於一一七三年的比薩斜塔（Torre di Pisa）正是位於這座廣場上，它本是比薩大教堂的獨立式鐘樓，盛名在外，早已蓋過了大教堂的光輝。比薩斜塔被譽爲中古世界七大奇蹟之一，然而建造之初，人們就發現由於地基不均勻和土層鬆軟造成塔身傾斜，因此幾度停工，經過了兩個世紀，最終在一三七二年才完成。幾個世紀以來，比薩塔一直以微小的幅度傾斜，直到一九九〇年開始進行大修，讓它的軸心斜度從五點五度修正到三點九九度、塔頂偏離基座三點九米，從而保證它斜而不倒的傳奇得以延續。其間也曾有專家建議扶正斜塔，但當地人表示無法接受，堅信比薩塔永遠不會倒下。

个大教堂

原是建築界的一個敗筆，卻華麗轉身變成世界建築奇觀，可謂因禍得福。如今全球的遊客到這裡來借著斜塔拍出各種創意照片，我也不免俗，擺出各種推動塔身的姿勢，非常有趣！

雖然比薩斜塔的名聲最響亮，但大教堂才是這組建築群的中心。大教堂（Duomo di Pisa）的正式名稱叫聖母升天主教座堂（Cattedrale di Santa Maria Assunta），就在斜塔的前方，建造於一〇六四年，外牆由灰白相間的大理石砌成，上面裝飾華麗複雜的浮雕和馬賽克，青銅大門上雕刻著聖母與聖子的故事。教堂內部的大理石爲黑白條紋相間，在一五九五年遭受過祝融之災，燒毀很多文藝復興時期的藝術品，之後美第奇家族出資進行修復。印象最深刻的部分爲中殿最裡面的馬賽克耶穌像，還有中庭和中廊交匯的穹頂，上面繪製了聖母升天圖，兩者都相當具有震撼力。

位於大教堂前方的圓形建築物是聖約翰洗禮堂（Battistero di San Giovanni，或譯爲聖若望洗禮堂），進入奇蹟廣場的大門後，第一眼看到的就是它。顧名思義，這是一座獻給施洗約翰的建築，始建於十二世紀中葉，在十四世紀竣工，是義大利最大的洗禮堂，羅馬式風格加入了哥特元素，巨大圓頂的直徑達三十五米。據說內部的採光和音響效果非凡，我此次並未進入探個究竟，可惜未能向朋友們介紹裡面的狀況。

第四個建築位於廣場北部，據說當時的比薩大主教在十字軍東征時從耶穌受難地各各他帶回聖土，並以此爲中心建造了這處比薩公墓 Camposanto，成爲許多比薩重要人物的長眠之所。墓園始建於一二七八年，直到一四六四年才完工。中間有個庭院，四周被哥特式大理石迴廊包圍，迴廊的牆壁上有大型壁畫，六百多個墓碑和石棺排列在迴廊下，也有一小部分在中央的草坪上，其中八十四具石棺來自於羅馬時代，比墓地的歷史還要悠久。迴廊有雕刻細緻的柱子和尖拱，墓碑和石棺則大多帶有浮雕，若單純把這裡當做文化、藝術的精品來欣賞，也未嘗不可。

值得一提的是，這組建築群早在一九八七年就被聯合國教科文組織列入了世界遺產名錄，單憑這個頭銜我也不虛此行了。比薩因爲比薩斜塔而揚名世界，但實際上也爲名所累，世人只奔著那座塔而來，卻往往忽略了城市本身的底蘊。這裡擁有歐洲第一座隸屬於大學的植物園——比薩大學的植物園（Orto botanico di Pisa），園內有歐洲第一座鋼鐵結構的玻璃溫室；在義大利電視劇《我的天才女友》（My Brilliant Friend）中，反覆出現的愛蓮娜（Elena）的母校大學，就是比薩高等師範學院，一八一〇年由拿破崙創建，是義大利最爲著名的精英學府之一，曾出過多位諾貝爾獎得主。這所學院和比薩大學共同組成比薩的大學城。

除了濃厚的學術氛圍之外，阿諾河邊的老城風景也是一絕。河邊的藍宮（Palazzo Blu）名稱來自於十八世紀買下這座宮殿的主人將建築外牆刷成藍色，是當地最著名的博物館和文化活動中心，經常舉辦一些展覽。此次行程匆匆，並未留意宮內的展覽。

對於這座城市，如果只知道斜塔的話未免有些遺憾。我雖奔著它而來，但比薩本身的古典風情亦令我深深著迷，算是此行一次額外的收穫。

雙城之爭：錫耶納

提拉米蘇（Tiramisu）是義大利的經典甜點，早已風靡全世界。有個地方號稱是這款美食的「家鄉」，恰好離比薩不過一個多小時車程，我決定前往看個究竟，事不宜遲，馬上啟程。

錫耶納（Siena）位於托斯卡納中部，佛羅倫斯的南邊，歷史上是貿易、金融和藝術中心。錫耶納距離佛羅倫斯爲六十多公里，兩者之間建有高速公路相連，後者作爲歐洲文藝復興的發源地飽受讚譽，今人只知道「翡冷翠」的光輝，錫耶納被比了下去，無法與佛羅倫斯相匹比。殊不知在過去長達幾個世紀的歲月長河中，兩座城市一直旗鼓相當，多次交手互有勝負，兩城之間的比拚讓後人津津樂道。然而歷史的車輪滾滾向前，錫耶納最終被美第奇家族所統治的佛羅倫斯吞併，它曾經的繁華盛景也隨之而去。

這裡不得不提起兩城的淵源：十三到十四世紀間，錫耶納因商業貿易而繁榮致富，可是十三世紀時，義大利陷於城邦之間的爭鬥，它和佛羅倫斯之間出現長期對峙的局面。那時錫耶納爲了炫耀自己的顯赫地位，大興土木，大部分的建築於此時建設起來，欲與敵對的佛羅倫斯一較高下。不幸一場世紀黑死病令錫耶納從此一蹶不振，十五世紀便宣告結束它的輝煌歷史，惜敗於宿敵。

不過，錫耶納這座獨具魅力的小城雖「敗」猶「榮」，因爲兩城的相鬥意外地促成了兩地的藝術發展。由於它們互不相讓，各自發揮文藝領域的專長：錫耶納著重推崇均衡與寫實的羅馬風格，而佛羅倫斯則致力於發揚希臘和拜占庭風格。兩座城市各領風騷，把各具特色的文藝發展得淋漓盡致，讓後世欣賞到它們的不朽風采。

托斯卡納大區擁有一百二十個自然保護區和六個世界文化遺產，被認爲是義大利最美的部分，錫耶納就是其中的一顆明珠。錫耶納老城中心區在一九九五年被聯合國教科文組織列爲世界文化遺產。這一天我到來時，已是下午三點多，恰逢周日，遊人肩摩踵接，擠滿古城的大街小巷，讓我深深感受到這座中世紀小城的生機盎然。同遊的旅伴 Kelvin 表示錫耶納的靈魂是一座田野廣場（Piazza del Campo），於是我們將旅遊的重點擺在古城區。

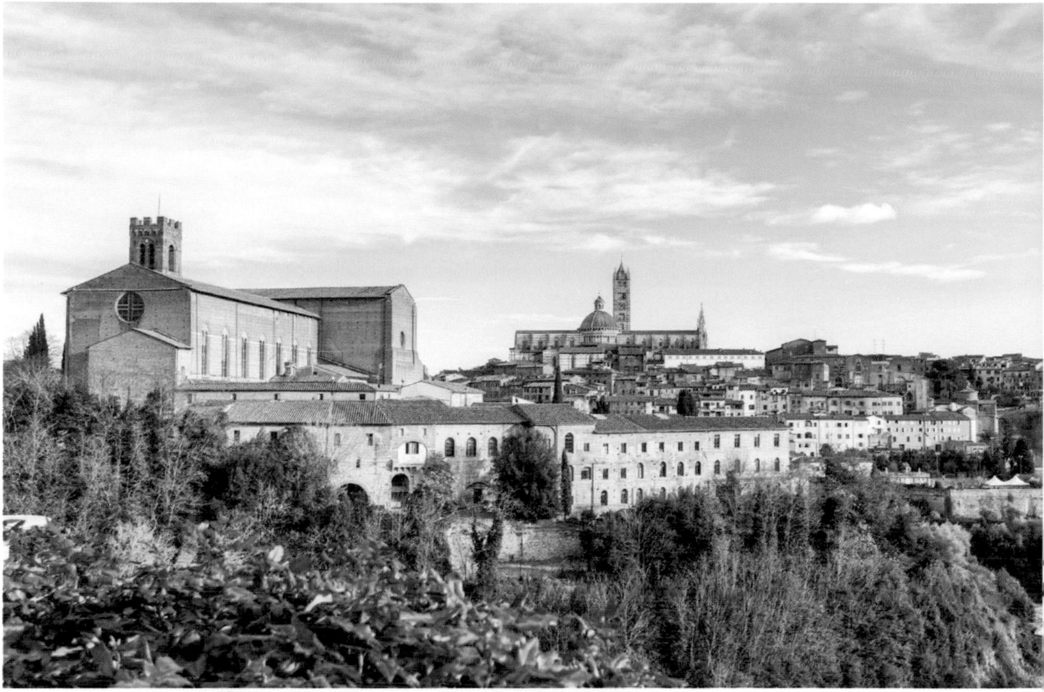

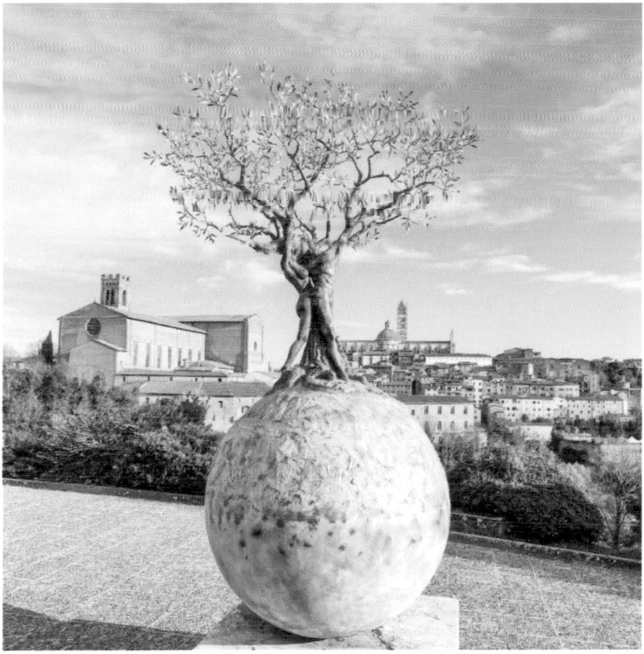

1 錫耶納古城

2 古城入口處的
青銅雕塑

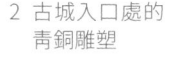

古城入口處，我們發現了一座青銅雕塑，形狀是球體上有一對彼此深深接吻的男女人形樹木。藝術家安德里亞．羅吉（Andrea Roggi）希望表達「愛可以拯救地球」，雕塑的擺放位置正好可以遠觀古城的大教堂，非常適合取景。

接著，我們順著幽深隱密、曲折起伏的小巷走入古城區，鋪了鵝卵石的石板路條條都能通往龐大的扇形廣場，它又有個別稱叫「貝殼廣場」。當Kelvin 提議遊覽比薩之後可以前往錫耶納，我對這地名感到十分陌生，原以爲自己從未踏足過，感到非常雀躍。然而我一眼看到田野廣場，就喚醒了回憶，想起自己多年前曾來此遊歷。不過儘管到同一個地方旅遊，無論幾次，總會有不同的收穫與感受。

廣場的建造是爲了紀念錫耶納鼎盛時期執政的九人委員會，因此被劃分爲九個區塊，地面鋪設顏色深淺不一的磚塊，整體形狀就如貝殼一般，地勢略微傾斜，中央最低，邊緣較高，從高處俯瞰更覺得特別。錫耶納古城以這廣場爲中心向外輻射出去，這是我第二次與它相會，依舊爲它的美麗喝采。它是歐洲現存最大的中世紀廣場之一，周圍被古舊的中世紀建築包圍，多半會是貴族的府邸。

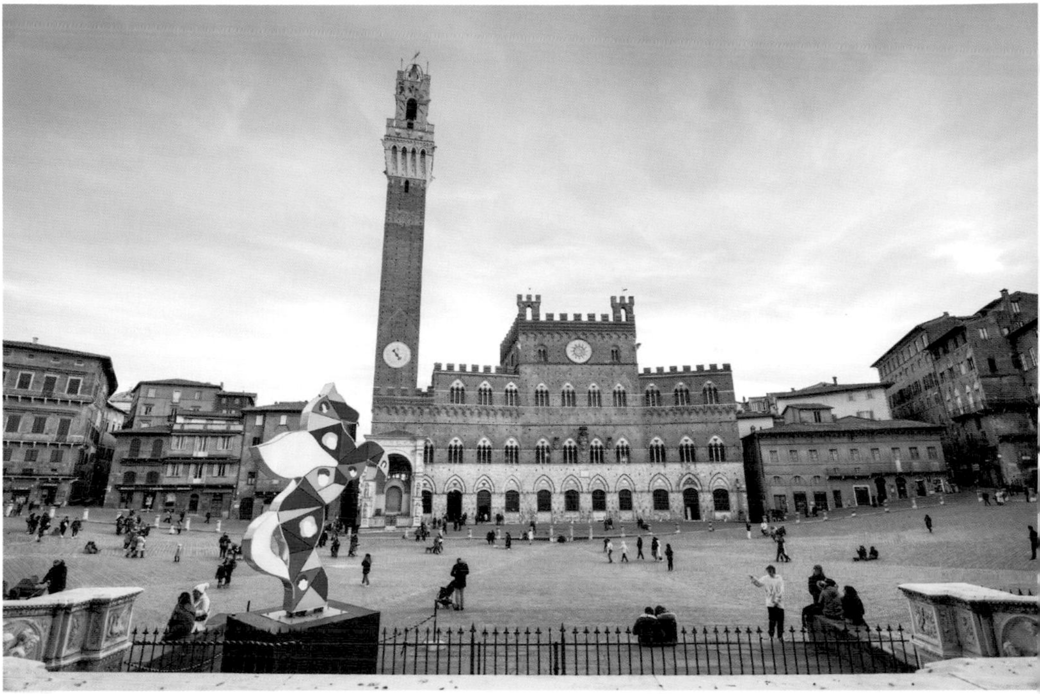

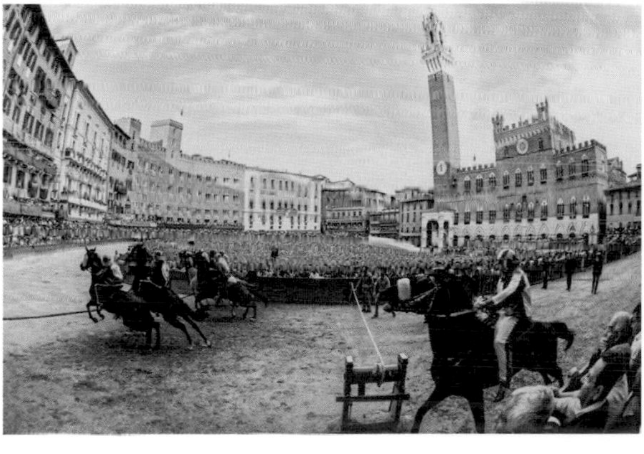

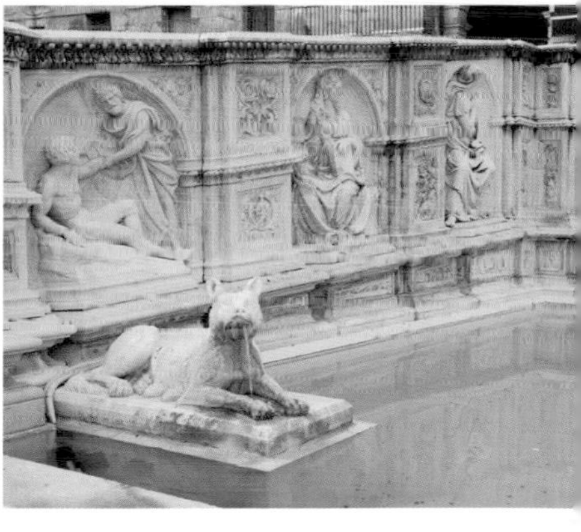

1 田野廣場，中間爲市政廳和曼賈塔

2 田野廣場舉辦賽馬節的老照片（作者翻攝）

3 歡樂噴泉一隅

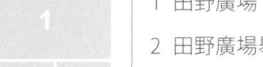

廣場的中心是錫耶納市政廳（Palazzo Pubblico），一座典型的哥特式建築，始建於十三世紀末，下層用石建造，而上層則用磚建造，外觀的立面稍微彎曲，上面還留下均勻分布的整齊眼洞，主樓中央大銅塊上還能見到 IHS 三個字母，IHS 是 Iesus Hominum Salvator 的縮寫，即救世主耶穌之意。今天除了部分區域仍然是政府辦公場所，另外一部分已成了市立博物館的所在地，陳列許多與城市歷史和宗教聖蹟相關的壁畫和雕塑，大都是出自錫耶納畫派大師的手筆。

市政廳豎立一座高聳的塔樓，全名叫曼賈塔（Torre del Mangia），是錫耶納最高的建築，垂直高度達到一百零二米，當初建造的目的一方面為了展示實力，一方面可以隨時觀察宿敵佛羅倫斯的動向，現在成了廣場上一座典雅的高塔，供旅客登上四百多級的階梯直達頂端，一覽塔下的城市風情和遠遠起伏的山巒。可惜我們受時間限制，未能從心所欲登上去。

貝殼廣場另一端的高處，有一汪碧波，就是著名的歡樂噴泉（Fonte Gaia），是小城第一個向公眾開放的城市公共噴泉，始建於十四世紀，是最早運用液壓系統建造的噴泉之一，可以說是現代噴泉的雛形。錫耶納是山城，噴泉的水從二十五公里外通過引水道設施引入，由於古時取水不易，能將泉水引到城中，市民們都非常開心，喜悅之情溢於言表，所以將之命名為「歡樂噴泉」。噴泉規模不大，三面的浮雕以道德和宗教為主題，整體風格比較活潑生動，是雅各布．德拉．奎爾查（Jacopo della Quercia）的傑作，但如今我們所見的是十九世紀的複製品，真品被收藏在旁邊的市政廳。

義大利有一個普通卻又非常重要的體育賽事——賽馬節（Palio），賽事起源於中世紀，在不少義大利城市都會舉辦，但最出名的莫過於錫耶納，貝殼廣場正是此項賽事的場地，每年的七月二日和八月十六日都會舉辦一次，前兩年因為疫情的原因取消，今年節日如期盛大舉辦，當天是古城最熱鬧瘋狂的日子，整個城市擠滿了來自全世界觀看比賽的旅客。儘管現在比賽的娛樂價值已遠遠大於競技價值，但比賽的緊張程度依然令人心潮澎湃，在廣場上觀看的話是免費的，但想要更好的觀看效果就需要花一筆不菲的費用提前預訂位置，甚至要先預訂酒店。這場賽馬有一幕曾經出現在二〇〇八年電影《007 大破量子危機》（Quantum of Solace，臺灣譯為《007 量子危機》）中，007 的擁躉們記得來此打卡！賽馬時每個騎師都騎在光滑的馬背上，賽程中他們無懼撞

个錫耶納大教堂

擊，競爭場面非常激烈，勝利者會被授予一面繡有錫耶納城保護神——聖母像的錦旗。

在義大利任何一個市鎮幾乎都避不開教堂這個中心建築物，錫耶納最著名的也是它的大教堂——錫耶納大教堂（Duomo di Siena）。教堂位於古城的最高處，修建於一一九六到一三四八年，歷時兩個半世紀，是一座仍未完工的宏大建築。源於建造期間，一場肆虐歐洲的黑死病導致當地人口銳減，建造工程因而延誤多時。若按照原本的建築計畫，恐怕它會成爲基督教世界中最大的教堂，改寫今日存世大教堂的歷史。

个沙林貝尼廣場

錫耶納大教堂外觀以黑白色大理石修建，搭配起來有一種獨特的「斑馬」條紋。由於建造時期橫跨兩個多世紀，所以產生了不同的建築風格，上半部是哥特式，而始建於十三世紀末的下半部三道大門由文藝復興的雕刻家喬凡尼·皮薩諾（Giovanni Pisano）設計，屬於羅馬風格。大教堂內部更令人驚嘆不已，特別是地板部分，由五十六塊精美絕倫的大理石鑲嵌畫鋪成，上面描繪了《舊約》和希臘神話裡的故事場景，面積約為三千平方米，非常震撼。不過平時為了好好保護地板，大多數鑲嵌畫都以布遮住，分段分區域來

↑錫耶納街景

展示。教堂內的柱子也是黑白相間的條紋，上面還有羅馬教皇的雕像，整個內部裝飾非常值得花時間來細細欣賞。大教堂一側留有尚未完工的部分，現在改成大教堂博物館（Museo dell'Opera Metropolitana）。有興趣欲窮千里目的朋友大可以登上博物館頂層，欣賞托斯卡納的原野風光。

學習之都：波隆那

艾米利亞—羅馬涅大區（Emilia-Romagna）是義大利北部的大區，由艾米利亞和羅馬涅兩區組成，東臨亞得里亞海，西倚亞平寧山脈，高山和大海兼而有之，是義大利最發達的地區之一，同時也是美食天堂。

這個北部大區歷史悠久，得益一條由古羅馬人修建的「艾米利亞大道」（Via Emilia），從皮亞琴察至里米尼，銜接了里米尼與羅馬之間的大道，更方便羅馬前往義大利北部，大區因而發展起來。這裡留有非常寶貴和燦爛的古羅馬和拜占庭文化和遺蹟，是我深度遊中印象相當深刻的一個地區，既有歷史文化，又有美食。此區還有一個特別的地方，就是「國中國」聖馬力諾。

我在這個大區的第一站，來到了首府波隆那（Bologna，或譯為博洛尼亞）。這座義大利中北部的文雅小城真正做到了古典與現代兼而有之。它在威尼斯和佛羅倫斯這兩個熱門旅遊城市之間，其實很容易被旅遊人士忽略，因此較少受到亞洲旅客垂青。但我認爲它「因禍得福」，少了熙熙攘攘的旅行團，反而令訪遊者得以盡情感受它的風韻。波隆那被認爲是歐洲保存最好的中世紀城市之一，悠久歷史是其中一項價值，但更重要的是它對於文明、學術的傳承與發揚。

公元一〇八八年，在神聖羅馬帝國時期，波隆那大學（Università di Bologna）便已創立，它是西方最古老的大學，有「歐洲大學之母」之稱譽，並與法國的巴黎大學、英國的牛津大學和西班牙的薩拉曼卡大學並列爲歐洲四大名校。近千年來，大學爲歐洲培養了無數人才，著名校友包括文藝復興時期以《神曲》留名後世的詩人但丁、發表《天體運行論》的哥白尼、現代喜劇的創始人哥爾多尼（Carlo Goldoni），和無線電報通訊的創始人伽利爾摩・馬可尼（Guglielmo Marconi）等，至今依然是一所極富盛名的頂尖綜合研究型大學，甚至可以說，大學比城市的名氣更大。蔡元培先生說：「大學者，研究高深學問者也。」我非常認同，我認爲大學最重要的意義是提供一個踏實研究學問的地方，不可功利，而波隆那大學正正不負此志。

當我在疫情期間再次來到這裡，很高興見到大學別來無恙，應屆的畢業同學戴上花冠，接受親友的祝福，場面溫馨。我也衷心祝願他們無畏疫情給世界帶來的劇變，邁步向前，在社會上成爲有作爲的人。

1 阿奇吉納西歐宮原爲波隆那大學主樓，現爲圖書館和解剖劇場所在地

2 阿奇吉納西歐宮走廊拱頂畫滿壁畫，牆面裝飾許多紀念牌與徽章

个 幾乎每座大建築物都建有拱廊

波隆那因爲諸多特色而贏來很多別稱，其中一個是「拱廊之城」，這裡的拱廊比起都靈有過之而無不及，城市中心區幾乎每座大建築物的前面都建有華麗的拱廊，與廣州的騎樓相似，總長度超過三十八公里，若連中古城牆外的門廊也列入計算，長度更是超過五十公里，非常壯觀。聽導遊說，中世紀時，波隆那對於興建樓房設有規定，甚至具體到拱廊的造型和高度都有標準，目的讓市民出外時可免受日曬雨淋之苦。優雅的聖路加拱廊（Portico di San Luca）可算是其中的代表，它連接中世紀的 Saragozza 城門，

↑經常舉辦市集活動的聖斯德望廣場周邊建築都建有拱廊

長三點五公里，共有六百六十六個拱門，是世界上最長的拱廊。

二〇二一年在中國福州舉辦了第四十四屆世界遺產大會，我正好旅行當地，在這屆大會上，波隆那的拱廊文化小被列入了世界遺產名錄。現存的拱廊雖採用不同材質、具有不同顏色、不同風格，但共同組成了當地一道亮麗的風景線。無論是淸晨或黃昏的光線，穿透拱廊的間隙，帶來變幻無窮的光影。千百年來遍布全城的拱廊爲生活在這裡的市民提供了許多庇護和便利，伴著市民一起生活，成爲他們不可或缺的一部分。

我縱觀市內建築，大多數都以紅磚建造，一眼望去一片褐紅色，無怪乎又有「紅色之都」的稱號。不過這個別稱的由來還有一個重要的原因，波隆那在二戰期間曾是反法西斯的「光榮城市」，戰後的五十多年裡，當地政府多由共產黨等左翼政黨主導，在某種意義下確實也是「紅色之城」。

說到色彩，波隆那有一位不得不提的藝術家喬治．莫蘭迪（Giorgio Morandi），他一生幾乎沒有離開家鄉，創作的作品通常以白色與其他顏色調和，呈現飽和度較低的灰色調，是種具一致性、和諧的美感，給人「極溫柔的精神慰藉」。或許大家對這個名字還有點陌生，但如果聽過現今在影視、建築、時尚等諸多領域流行的「莫蘭迪色系」，其實來源正是波隆那的喬治．莫蘭迪，想必很多人會恍然大悟，直呼有眼不識泰山！

在西餐中，我個人比較喜歡義大利麵，因爲它較接近我們東方的麵食。每次到這裡，我毫無例外，都會買些新鮮的義大利寬條麵、義大利粉（義大利直麵），每頓晚餐「無麵不歡」。波隆那還有一個非常有趣的稱號，叫「胖子之都」，另外也被稱爲「美食之城」，聽導遊說，公認全義大利最美味、最地道的義大利肉醬麵（Tagliatelle alla Bolognese）就源於此地，且應該使用寬條麵，而非許多人常用的直麵。此外還有肉醬千層麵（Lasagna alla Bolognese）、義大利雲吞

↑製作義大利雲吞 Tortellini

↑義大利麵商店

（Tortellini）和義式肉腸（Mortadella）等經典美食。因此，來到這裡就別再想「減肥」這事兒了，也難怪我在城中遇見的男男女女，多半是中廣粗腰、身形健碩。

波隆那不僅僅有古老傳統的一面，也是一座「速度與激情」的城市，是知名跑車品牌瑪莎拉蒂（Maserati）的誕生地，然而山城街道並不寬闊，頂尖跑車可沒辦法在這兒完全發揮它們的威力。我下塌的酒店位於市中央，距離古城區地標性建築「海神噴泉」（Fontana del Netturo）不遠，每天早上我都會散步到噴泉所在的海神廣場。噴泉是一座大型的雕刻藝術品，上方青銅雕像是海神尼普頓手持三叉戟的造型，高三米多，下面是一眾小天使與海豚嬉戲的群像，而這個層次分明的噴泉總共湧出九十多束泉水，注入巨大的大理石盆內。噴泉由義大利的托馬索・勞勒堤（Tommaso Laureti）所製作，海神像則爲法國雕刻家詹波隆那（Giambologna）的作品。瑪莎拉蒂的「三叉戟」車標就來源於海神手中的武器，而紅藍配色也來自當時波隆那市旗的顏色，這款名車和城市兩者早已融為一體。

海神廣場毗鄰的馬焦雷廣場被視為城市的心臟區，周邊有世界第十五大的聖白托略大殿（Basilica di San Petronio），寬六十多米，長一百三十多米，高有五十米，裡面可容納兩萬八千多人，是一座雄偉的哥特式建築。教堂建造的時日不短，始建於一三九〇年，歷經數個世紀，到了一六五八年才完成。疫情期間，城內很多教堂和博物館都關上大門，並未開放，唯獨這家聖白托略大殿照常開放，才讓我得以見識教堂內一項大型的「天文儀器」。其實那是鋪設在教堂地板上一條長長的「子午線」（Meridian Line），標記了一年三百六十五天的天數，而教堂上方有一個光孔，每天正午陽光透過光孔照射在地板的那條線上，幾個世紀以來，一直準確無誤地顯示當天的日期，有趣之餘不得不讚嘆古人的智慧。這天旅客很少，我可以悠閒而仔細地觀察這條特別的「日晷」。教堂內部除了主祭壇、中殿之外，還有二十二個小禮拜堂，除了精細的雕刻，華麗精美的彩繪玻璃外，有個禮拜堂牆上還有關於聖白托略生平、

↑海神噴泉

東方三博士及天堂與地獄的壁畫。其實教堂最引人注目的地方在於它的正立面，仍有部分尚未竣工，導致分爲上下兩層完全不同的風格，下方是白色及粉色大理石交錯，典雅美麗，上方則顯得單調樸素，留下了一點遺憾。

與其他義大利城市一樣，這裡的教堂之多，不在話下，其中最出名的莫過於聖路加的聖母朝聖地（Santuario della Beata Vergine di San Luca），位於古城西南方三百米高的瓜爾迪亞山頂。這裡是羅馬天主教的次級聖殿，收藏了一幅聖母像，還有不少藝術品。若要用腳丈量、徒步前往朝聖，則可以通過前面提到的聖路加拱廊到達。

城內還有一個重要地標，就是矗立在拉維尼亞納門廣場（Piazza di Porta Ravegnana）上的雙塔（Le Due Torri）。它們一高一矮，屹立千年不倒。其中較高的阿西內利塔建於中世紀一一〇九到一一一九年之間，有九十七點二米高。義大利在中世紀曾經建有許多塔樓，是貴族們爲了爭奪對城市的領導權或彰顯財力而建造，波隆那也不例外，據說曾有高達一百八十座的塔樓，不過多已倒塌或拆除了，雙塔是其中少數倖存的。關於這座塔還有個迷信的說法：凡是登上高塔的波隆那大學生都無法順利畢業，使得當地的學生對此頗有忌

諱，所以都會在完成畢業儀式之後才敢登上去。阿西內利塔雖然開放登頂，但我只站在高塔下仰望，拍個照留下回憶罷了。

1 聖白托略大殿

2 子午線

波隆那規模不大，老城區走了一遍也不過一個小時左右，然而它就像一座陳列無數歷史古蹟的露天博物館，行走其間彷彿穿梭在中世紀的歷史長卷中，讓人著迷而又捨不得離去。二〇〇〇年它獲得了「歐洲文化之都」的稱號，該是對這座美麗而有內涵的古城最大的認可。

疫情下城中商業區內不少購物商場都減價打折促銷，我惦記著家中的小孫子，選購了義大利麵作爲紀念品，快遞回家裡，大獲好評，老伴還囑咐我最好多帶點回去。

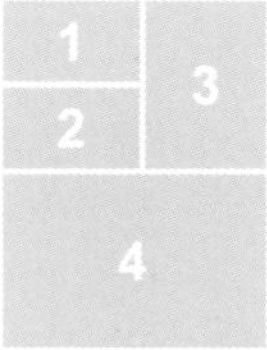

1 老噴泉 Fontana Vecchia

2 達古修宮

3 雙塔

4 市議會大廳

優雅迷人的中世紀城市：費拉拉

過去兩年來，我花了不少時間在義大利進行深度旅遊，從而發現最好逛也最值得花時間的，是那些遠離人聲的小鎮。其中艾米利亞—羅馬涅大區的費拉拉（Ferrara）被多位義大利朋友甚至遠在臺北的陳總極力推薦，異口同聲說這是一座非遊不可的歷史古城。它先後在一九九五年和一九九九年兩度被聯合國教科文組織列入世界遺產名錄，可見它的超然地位。

費拉拉座落在義大利最長河流——波河的下游。我先前去過的都靈位在上游，而今來到了下游，把波河從「頭」遊到「尾」。小城地處平原三角洲，地理的優勢，是它航運和農、工業發達的重要條件。這裡有著保存完好的中世紀老城，在文藝復興時期具有舉足輕重的地位，曾是當時的文化中心，豐富的歷史文化底蘊構築出一座美妙迷人的城市。

歐洲史上許多名城背後大都有一個極其顯赫的家族，費拉拉也不例外，承

小埃斯特城堡

載小城繁榮興盛的正是歐洲的貴族世家埃斯特家族（Este），這個家族統治了小城近四個世紀，統治者的強大與開明爲費拉拉帶來了永恆的榮耀。早在公元前六至七世紀，費拉拉已有人類的活動，歷史悠久。埃斯特家族直到一二〇八年才開始掌管當地，曾經積極對城市進行擴建，興建城堡、修建河道，將河中的小島和陸地連成一片，修路築橋，使小城逐漸興旺壯大起來。

這天我抵達小城，第一眼就見到一座立於市中心的埃斯特城堡（Castello Estense），又叫聖彌額爾城堡，今天已成爲城市的地標建築。

它始建於一三八五年，是埃斯特家族的宅邸，然而最初修建的目的除了用來防禦外來侵擾和威脅外，對內還要防備當時平民對家族統治的不滿而引發的抗爭。城堡共有四座塔樓、寬闊的護城河、吊橋和高牆等一系列固若金湯的防衛性設施。四個角落的塔樓分別是獅子塔樓、鐘塔、聖保羅塔樓和聖卡德麗娜琳塔樓，其中有一座監獄設在獅子塔樓下方。

導遊娓娓不倦地向我介紹，這座外觀宏偉的城堡保存完好，目前改作博物館的用途，其中一部分則成爲政府的辦公場所。城堡內裝飾非常講究，有美侖美奐的壁畫，甚至可直上塔樓，俯瞰全城。導遊還另外補充了一段有關城堡「宮廷內鬥」的故事：獅子塔樓下方的監獄中，有間「唐朱利奧牢房」，當年朱利奧和費蘭特共謀殺害他們的兄弟費拉拉公爵阿方索一世及另一個兄弟，因爲行動失敗，最後兩人被關押在埃斯特城堡。其中費蘭特被關了三十四年之後過世，而朱利奧獲釋時，已足足被關了五十三年之久。此外，埃斯特家族的尼科洛三世發現第二任妻子與他的私生子偷情，也將兩人關押在城堡的另一間牢房中，最終還把他們斬首了！類似這些宮廷、家族的鬥爭，古今中外皆是，若有興趣更加了解，不妨翻看二〇一一年的電視劇《波吉亞家族》（The Borgias），裡面描述的內容大概跟我追過的電視劇《延禧攻略》有異曲同工之妙。

↑獅子塔樓

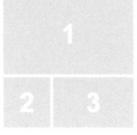

1 城堡中庭的雕塑

2 公爵府拱門兩側雕像分別爲埃斯特家族的尼科洛三世侯爵（右）和波爾索公爵（左）

3 公爵府，現在是市政廳

在疫情期間旅遊義大利的古城，遊人稀疏，對我而言不失是一件快事，不過大部分的古蹟都閉館休息，包括這次也無法進入城堡內一探「獅子塔樓」的虛實，不免略感遺憾。

穿過城堡，在小廣場後面是一座原來的公爵府，現在是市政廳。一座大型的紅磚建築連著一座塔樓，正門是古老的拱門設計，兩側放置兩根廊柱，上面有塑像，分別是埃斯特家族的兩位顯赫人物尼科洛三世侯爵和波爾索公爵。穿越拱門，便是公爵府寬敞的庭院。

至於小廣場名叫薩佛納羅拉廣場（Fiazza Savcnarola），中央豎立了一座塑像，我順口向導遊詢問，導遊表示塑像是出生於這座城市的一位名人——薩佛納羅拉修士（Girolamo Savonarola）。他反對文藝復興和哲學，宣傳神學理論，還自稱可以直接與上帝和聖人交流。由於他曾多次準確預言瘟疫、戰爭等大事，因此獲得很多平民的擁戴。他又極力反對人們盲目追求虛榮和財富，在他的鼓動下，很多文藝復興時期的作品都被他這把「虛榮之火」燒毀。他同時批評教皇和權貴，站在他們對立面，以致最後在佛羅倫斯被推上刑場活活燒死。今天佛羅倫斯的海神噴泉邊，他的處決地還留下了一個圓形標記。十九世紀，在義大利統一運動時期和反教皇的氛圍下，費拉拉將廣場改名，以紀念這位備受爭議的激進傳道者，後來更豎立了雕像。

A
GIROLAMO SAVONAROLA
IN TEMPI CORROTTI E SERVILI
DEI VIZI E DEI TIRANNI
FLAGELLATORE

↑廣場上的薩佛納羅拉雕像

我們漫步到這裡，正逢中午時間，得想辦法解決午餐。恰好廣場上有列建築的一樓拱門後面多爲商店和餐廳，我們就近找間餐廳，各自來一份當地特色的火腿披薩。導遊煞有介事表示義大利披薩以費拉拉最正宗，但老實說味道並無特別之處，我作爲一個過客，哪裡能分辨出哪個城市才是最好味？

午餐後，我們繼續鑽入古城的大街小巷，欣賞各個充滿韻味的中世紀建築。城南有一堵古城牆遺址（Le Mura），這段綿延九公里的紅磚城牆也是文藝復興時期埃斯特家族修築的防禦工事，將美麗而古老的小城圍繞其間。這讓我想起了同樣保存完好的西安明城牆，雖然時代不同，卻同樣都是兩城的風景線，均可以繞牆步行或是騎行來觀光。說到騎行，資料上說費拉拉有百分之三十的居民日常騎自行車來通勤，被稱爲「自行車之城」，只是我這次並未見到太多，也不知道這種說法是不是有些誇張了，我反倒覺得「紅磚之城」的稱呼比較貼切。若要用一種顏色來概括費拉拉，應該就是磚紅色了。由於整座古城的建築大部分都是紅色，所以有「紅磚之城」的稱號。爲何建築都用上紅磚呢？因爲這裡是波河下游，從上游沖積下來的淤泥正好被用來製磚。

繞過遺址到了城的另一邊，來到埃斯特家族的斯齊法諾亞宮（Palazzo

Schifanoia），幸好它開放參觀，讓我得償所願。這裡又叫做「排憂宮」，聽說是家族的避暑行宮，舉辦宴會和娛樂的場所，讓家族成員來此度假排憂解愁。宮殿修建於一三八五年，藏品非常珍貴精采，尤其是濕壁畫的部分。我不得不多寫幾句來讚美一間「梅西大廳」（Salone dei Mesi），大廳的天花板用一塊塊木板相接咬合，工藝技術了得，牆上更是滿滿的濕壁畫彩繪，內容包括十二星座、宮廷事件，以及讚揚這個家族的豐功偉績。此外「美德廳」（La Sala della Virtu）的天花板和楣板則充滿繁複華麗的雕飾，以及關於信、望、愛三個神學美德的浮雕。相信這兩廳一定會讓喜歡藝術的朋友大飽眼福。宮內有另外一翼是市立古代藝術博物館，建於一八九八年，收藏各式各樣的珍貴文物。整體而言，我認爲斯齊法諾亞宮是一個值得花些時間好好觀賞的地方。

1 費拉拉最古老的中世紀街道 Via delle Volte

2 騎自行車的當地居民

3 梅西大廳的壁畫

4 美德廳的天花板和楣板充滿繁複華麗的雕飾

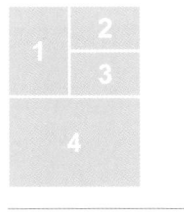

FIDES

↑鑽石宮

結束幾座藝術館和宮殿博物館的巡禮後，我折返老城。導遊認真介紹在費拉拉幾乎所有文藝復興時期的建築都離不開埃斯特家族，而一所建於一四九三年的鑽石宮（Palazzo dei Diamanti）更是古城內最不應忽視的建築之一。比亞焦．羅塞蒂（Biagio Rossetti）是位著名的建築師，他受聘爲費拉拉進行城市規劃，並設計了城中許多建築。他運用奇思妙想，將一萬多塊側面呈金字塔形的突出石塊用來砌築外牆，像一顆顆鑽石鋪在牆身，極具視覺衝擊效果，「鑽石宮」的名號就由此而來。這些由白色和粉色大理石組成的「鑽石」在陽光折射下產生不同的色彩，熠熠生輝。現在鑽石宮闢為國立美術館和插圖藝術博物館，變成一處文化氣息濃厚的場地。

關於這個獨具一格的外牆還有個傳說：有一顆眞正的鑽石（可能是當時埃斯特家族皇冠上的寶石）被埋藏在其中一個「小金字塔」石塊裡，至於是哪一顆，已經無人知曉，就連這個傳說是眞是假都不好說！

在義大利的城市旅遊，怎能忽略當地的教堂呢？費拉拉主教座堂（Basilica Cattedrale di San Giorgio）就是該城的大教堂，供奉聖喬治，始建於十二世紀初，到一一三五年才竣工。整個建築分上下兩部分，融合了羅馬和哥特式兩種風格，教堂立面的上方有三個尖頂，還有拱廊及雕塑，裡面的玫瑰花窗和神像等都很有藝術價值，博物館亦收藏不少文藝復興時期的畫作。大教堂後面有一座高高的大理石鐘樓，是後來在文藝復興時期增建的，用粉色和白色交錯搭配，神聖美觀。教堂內部因被祝融光顧過，在十八世紀重新修繕，完全是巴洛克風格了。我前去的時候教堂也正在修整中，立面有一大半都被遮蓋，不過依舊遮擋不住它宏偉莊嚴、美侖美奐的外貌。

↑前方爲主教座堂，右爲大教堂博物館

↑費拉拉主教座堂

最後，不得不提起一位出生在這裡，對文藝復興居功至偉的費拉拉公爵長女伊莎貝拉・埃斯特（Isabella d'Este），她從費拉拉嫁到附近一座古城曼圖亞（Mantova）與弗朗切斯科侯爵聯姻。侯爵生性風流，最後甚至感染梅毒而死。侯爵夫人卻勵精圖治，除了治理城邦和提高人民生活水準外，還鑽研建築、工農業技術等，更憑著對藝術的熱情，籌建圖書館，收藏經典文稿和圖書，並竭力贊助藝術家包括曼特尼亞（Andrea Mantegna）、提香、貝利尼（Vincenzo Salvatore Carmelo）和達芬奇等人，爲文藝復興作出非常重要的貢獻。

義大利的古城多如繁星，但像費拉拉這樣不僅保存完好，且中世紀和文藝復興建築共存，實爲少見。古典與現代完美交織，幾個世紀以來幾乎沒有發生過變動，學者、藝術家、詩人等名人薈萃，爲古城留下無數的藝術瑰寶和建築。

文化講述著城市的過去、現在和未來，爲城市穿越時間留下了證明。

自二〇一五年開始，義大利每年會經由專家委員會選拔一座在文化藝術領域特別突出的城市，賦予「義大利文化之都」（Capitale Italiana della Cultura）的榮譽稱號，並由義大利文化遺產、活動與旅遊部授予，旨在希望「使越來越多的人意識到文化作爲保障社會凝聚力、人類和諧互融、多元化和推動創意、創新、經濟發展及個人和集體福祉的作用和價值所在」。二〇二〇年的文化之都花落小城帕爾瑪（Parma），它獲勝的宣言是「文化超越時間」。由於新冠疫情的爆發，其稱號繼續順延一年，至二〇二一年。

靴子上的「美腿」：帕爾瑪

帕爾瑪這個城市名稱大家可能有些陌生，和米蘭、威尼斯以及佛羅倫斯這些義大利代表城市相比，確實沒什麼知名度，不過假如你是個吃貨或美食愛好者，該聽過帕爾瑪火腿（Prosciutto di Parma）才對。它是義大利著名的美

1 當地火腿商店

2 高品質的帕爾瑪火腿

食特產之一，甚至還有自己的特定節日——帕爾瑪火腿節（Festival del Prosciutto di Parma）。說起這個義大利風乾火腿，是「世界三大名腿」之一，與中國金華火腿、西班牙伊比利亞火腿齊名，享譽全球。我是愛食火腿之人，帕爾瑪火腿的家鄉當然要走一遭，認識一下火腿的製作。

先讓我來介紹帕爾瑪的地理位置，它位於艾米利亞—羅馬涅大區北部，在米蘭和波隆那之間，至於帕爾瑪火腿的原產地，就在帕爾瑪南部山區。這裡吹來亞平寧山脈的山風，與北部地方的乾爽氣候結合一起，是成就「火腿中的愛馬仕」的主要條件。

正宗的帕爾瑪火腿對原材料「豬」有嚴格要求和規定，必須是來自授權養殖場的杜洛克豬（Duroc Pig）、藍瑞斯豬（Landrace Pig）或約克夏豬（Large White Pig），且豬隻的重量至少要達到一百五十公斤以上，而製作火腿的豬後腿平均約十五公斤。火腿只能以海鹽醃製，不用任何化學添加物，對溫度和濕度也有要求，之後將多餘的鹽

洗去，再放在暗室或地窖風乾，等火腿完全乾燥後才算大功告成。根據法律規定，從最初的醃製到最終完成，至少得一年時間，有些甚至更久，且全部製作過程必須在帕爾瑪產區內完成，才能成爲眞正的帕爾瑪火腿。受到認證的帕爾瑪火腿會烙上 Parma 王冠的圖樣，並擁有 PDC（原產地保護標誌）的認證。

這些「美腿」的脂肪分布比較均勻，顏色粉嫩，聞起來有陳年的肉香和煙燻的氣味，口感在各種火腿中最爲柔軟，不管賣相還是口味都是一等一。不過最吸引我之處，在於帕爾瑪火腿的價格遠比西班牙伊比利亞火腿（5J）要便宜得多，但口味差異並不大。

對於義大利人來說，火腿是日常的食物。鹹味的火腿搭配清甜的蜜瓜，兩者平衡了口感，相輔相成，再配上一杯紅酒，如此高級的享受，簡直是味蕾上的絕配！若有機會，不妨一嚐這道義大利的經典菜式。

可千萬別小看帕爾瑪這個小城，它在全球美食界的通行證不只是火腿，帕馬森乾酪也同樣著名，更有大量生長在山上的新鮮蘑菇和松露等，在食材領域方面擁有傑出表現，不僅榮獲聯合國教科文組織創意城市網絡授予「美食之都」的稱號，義大利頂級烹飪廚藝學院 ALMA 也順理成章在此設立。

這是我第一次到訪這個有著兩千多年歷史的小城，原本對小城的認識除了火腿外，其他就全無概念。來到這兒恰好遇上春雨瀟瀟，城本來就不大，車少人少，街道更顯得安靜，看不到太多現代化的痕跡，建築物依舊是千百年前的樣子，古舊中蘊含著勃勃生機，滄桑中埋藏著文化的厚重，無聲地催促我更深入去探索。

作爲一個天主教國家，義大利不管大城市還是小城鎮，城區中心總有一座大教堂，帕爾瑪也不例外。帕爾瑪主教座堂（Cattedrale di Parma）位於市中心的廣場上，屬於地標建築之一。這個一千多歲的大教堂經歷數次摧毀，每一次都鳳凰涅槃般重生。疫情下進教堂要限流，外面早有人在排隊，導遊表示

教堂內的四壁是文藝復興時期的濕壁畫。大教堂右側是一座後期修建的哥特式鐘樓，不知是否錯覺，看起來有稍微的傾斜。原本教堂的左側也計劃興建一座鐘樓，不過直至今日仍沒有實施。正午時分，鐘聲正好響起，一下又一下的鐘聲伴著淅淅瀝瀝的雨滴，很有節奏感。在大教堂的一邊，是外型十分特殊的八角形帕爾瑪洗禮堂（Baptistero di Parma）。融合羅馬式和哥特式的建築風格搭配維羅納的粉紅色大理石，相當引人注目。內部擁有大量藝術品和壁畫，繁複的壁畫一直延伸到穹頂，讓人嘆爲觀止。

1 帕爾瑪主教座堂

2 大教堂內部

1 帕爾瑪街道

2 帕爾瑪洗禮堂

帕爾瑪古鎮還有一座四百多年歷史的宮殿——皮洛塔宮（Palazzo della Pilotta），它是座建築群，如今各自作爲博物館、圖書館和美術館的用途，此外還包含了被視爲鏡框式舞台始祖的法爾內塞劇院（Teatro di Farnese）。義大利歌劇享譽全球，幾乎每個主要城市都有歌劇院，法爾內塞劇院爲帕爾瑪市民提供了精神食糧，發揚這項重要的文化精髓。

舊城區的街道既長又窄，除了一、兩條主街外，其餘皆爲石板路，下雨天相當濕滑，我一再放慢腳步，生怕跌倒。這裡有好些民居的外牆富有特色，用上鮮豔的顏色來粉飾。我在導遊陪伴

下，隨意在市內晃悠，沒有人車喧囂聲的打擾，安靜閒適，充滿風雅的情趣。

稍後我與導遊一齊來到一間逾百年歷史的帕爾瑪火腿餐館，據說在當地頗有名氣。午餐就是帕爾瑪火腿配上義大利紅酒，看似簡單，味道卻一點也不簡單，其味無窮！用餐中，導遊無意間透露當天剛好是他四十九歲的生日。陶淵明在四十九歲時寫過一組五言詩《形影神三首》，其中有這樣一句「縱浪大化中，不喜亦無懼」，我借此詩句祝福他生日快樂！

離開帕爾瑪這座古城時，我也順便「抬」了一整隻火腿作爲伴手禮，收穫豐盛。

迷你國中國：聖馬力諾共和國

聖馬力諾共和國（Repubblica di San Marino）是個鮮為人認識的迷你小國，世界上六個面積最小的國家之一。她屬於「國中國」，皆因位置就在義大利半島上、亞平寧山脈的東北側，四周全被義大利所包圍。如果要踏入小國國境，非得借道義大利，方可抵達。

這個國家面積只有六十一點二平方公里，人口不過三萬多，不過她建國的歷史相當悠久，可以追溯到古羅馬時代，又被人稱之為世界上最古老的共和國。據說小國的歷史約從公元三〇〇年開始，所以該國官方建國日就定在三〇一年九月三日。儘管地小人稀，卻依靠工業、金融業、服務業和旅遊業來發展經濟，成為全世界上最富裕國家之一，其經濟實力真的不容忽視。

據歷史的考究，一位名為馬力諾（Marino）的貧窮石匠從亞得里亞海東岸達爾馬提亞（Dalmacija）的島嶼來到了今天的艾米利亞—羅馬涅大區定居。

↑聖馬力諾的起源是一名叫做馬力諾的石匠

後來為了逃避羅馬皇帝對基督教徒的迫害，他被迫與一些基督教徒逃到堤塔諾山（Monte Titano），在山上建起教堂，這就是聖馬力諾共和國的起源，因而又有「堤塔諾共和國」的別稱。至一六三一年，羅馬教廷終於承認這個小國為獨立國家，且是一個中立國，沒有直接捲入一戰和二戰中，雖然二戰時曾經被德軍短暫占領過。

聖馬力諾下轄九個堡（市鎮），史下面還有村（curazie），行政區劃分得很細緻。她雖然是個蕞爾小國，卻有很健全的政治體制，由兩位來自不同政黨的執政官主持議會，並出任國家元首。特別之處在於他們的任期只有半年，每年的四月一日和十月一日就定爲選舉日，會產生新的執政官，所以該國的選舉很頻密，同時男女均可登上國家元首之位。資料顯示，曾經有十位女性出任國家元首，且其中三人還連任過！

二〇二〇年七月，當我深度遊艾米利亞—羅馬涅大區時，原定計畫繼續前往聖馬力諾參觀。可惜當時她正陷入疫情最嚴重時期，三萬多人口中，居然有兩百多人確診，占全國人口的0.7％，據說是當時全球確珍比例最高的國家，爲了防疫，她關閉邊境，無計可施之下，我只好轉往其他城市。不過我曾在二〇一八年九月到此一遊，就讓我將疫前旅遊小國的經歷記錄下來，與朋友們分享。

當時我從波隆那出發，沿公路穿過了一道弧形鐵橋，上面有San Marino的名字，還有一行文字寫著：「Benvenuti nell'antica Terra della Liberta」，意思是「歡迎來到自由的古老之地」，鐵橋後方就是聖馬力諾的領土了。

接著繞行山路，直達中世紀的聖方濟各城門（Porta San Francesco）。城門上標有該國的國徽和國名，算是頗有體面。城牆內，就是聖馬力諾的古城區，透過城門望去，建築維持中世紀的面貌，並未被現代化的洪流所衝擊。

聖方濟各城門

穿越城門後，我沿著狹窄蜿蜒的山坡小徑，抵達市中心區。街道橫巷都鋪設鵝卵石，兩側是古舊的磚平房。我先來到一座外表略感破舊的聖方濟各教堂（Chiesa San Francesco），內部卻絲毫不顯歷史滄桑，反而堂皇大方。

1 從大教堂內列隊走出的軍裝民兵連

2 共和國宮與自由女神雕像

3 聖方濟各教堂與內部

首都聖馬力諾市雖說是市，倒不如說是幾條街巷和一座廣場。巍峨的城堡上懸掛著國旗，它就是政府議會機構的所在地——共和國宮（Palazzo Pubblico），外型似佛羅倫斯舊宮，不過論規模就小多了。共和國宮前是自由廣場（Piazza della Libertà），一座雕像豎立在中央，未知是否爲紀念創國者的雕像，卻因不懂義大利語，有如問道於盲，只好放棄查個究竟。後來再回頭查詢，才知道那是自由女神的雕像。前面是一處空曠的大平台，我站在這裡遠眺下面的村舍田野，盡覽無遺。

↑教堂內大主教率領著政府要員進行祈禱祝福儀式

這次到訪，剛好遇上了九月三日的國慶日，家家戶戶都掛上國旗，氣氛熱烈。待我來到最大的聖馬力諾大教堂（Basilica di San Marino），只見市民和旅客都齊集在教堂前的廣場。教堂內正有大主教率領著政府要員進行祈禱祝福儀式，外面廣場上排列著各路大軍，包括軍樂隊、弩兵軍團、岩石衛隊和大議會衛隊等。我不放過這個千載難逢的良機，一直守候到曲終人散，才繼續接下來的行程。儘管是個迷你小國，典禮如儀，頗有風範。

↑第一座城堡

說回這羅馬天主教教堂，是該國的主教堂，獻給創國者馬力諾，而他的遺物就被供奉在教堂內。教堂由波隆那的阿基爾·塞拉（Achille Serra）所設計，是新古典主義建築風格，門廊有好幾根大型的科林斯柱，氣派十足，當地人稱之爲聖殿。

我沿著高低起伏的山路小徑向高處走，身側是懸崖峭壁。

聖馬力諾的國旗和國徽上有「三座城堡」的圖案，正是國內三座位於山峰上的城堡，位置高且險要，其間以城牆相連。我跟著旅客的人龍，逐一參觀。第一和第二座城堡均對外開放，裡面陳列一些舊時的器皿用品和軍械等，並無太大驚喜。最遠的第三座可望而不可及，並未開放參觀。大家遠觀之後，就原路折返。單是遠望這座屹立山崗上的古堡，就能感受它的英姿勃發，氣勢宏偉。想當年聖馬力諾的人民爲保衛自己的獨立和自由，就是據守在這些城堡，與附近的強國對峙抗衡，其決心天地可鑑。

當我重返共和國宮時，天色突變，只好趁隙到附近餐館用餐兼避雨。從餐館內，可以鳥瞰雲霧繚繞的亞平寧山脈。我一直待到烏雲散去、雨過天晴，才安然離開。

來到這個迷你小國，不帶回紀念品不免有些遺憾。這裡發行許多紀念郵票和銀幣，我也順便到博物館選購了一些戰利品，又爲遠方的同事寄回「獨一無二」的明信片，表示我又成功「攻略」了一個國家。

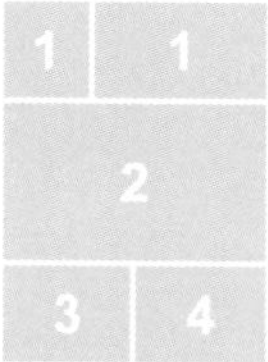

1 第二座城堡

2 第三座城堡

3 聖馬力諾街景

4 作者與當地軍警合影

HOTEL

國家圖書館出版品預行編目資料

老玩童遊義大利三部曲 II：羅馬、佛羅倫斯、都靈／鄧予立著. --初版.--臺中市：白象文化事業有限公司，2023.12
面； 公分.——（鄧予立博文集；18）
ISBN 978-626-364-140-2（精裝）
1.CST: 旅遊 2.CST: 義大利
745.09 112016142

鄧予立博文集（18）

老玩童遊義大利三部曲 II：羅馬、佛羅倫斯、都靈

作　　者　鄧予立
校　　對　鄧予立
資料蒐集　趙璐、李南萍、林倩盈
義大利行程統籌安排　臺灣亨強國際旅行社
發 行 人　張輝潭
出版發行　白象文化事業有限公司
412台中市大里區科技路1號8樓之2（台中軟體園區）
出版專線：（04）2496-5995　傳真：（04）2496-9901
401台中市東區和平街228巷44號（經銷部）
購書專線：（04）2220-8589　傳真：（04）2220-8505
專案主編　陳逸儒
特約設計　白淑麗
出版編印　林榮威、陳逸儒、黃麗穎、陳媁婷、李婕、林金郎
設計創意　張禮南、何佳諠
經紀企劃　張輝潭、徐錦淳、張馨方、林尉儒
經銷推廣　李莉吟、莊博亞、劉育姍、林政泓
行銷宣傳　黃姿虹、沈若瑜
營運管理　曾千熏、羅禎琳
印　　刷　基盛印刷工場
初版一刷　2023年12月
定　　價　399元